Das Wissensquiz

D1856641

Das Wissensquiz

Geografie

300 spannende Fragen und noch mehr Antworten

MOEWIG

Alle Informationen (insbesondere die Antworten) in diesem Buch wurden von uns mit größtmöglicher Sorgfalt zusammengestellt und auf ihre Richtigkeit geprüft. Wir übernehmen aber keine Haftung oder Gewährleistung für die Richtigkeit und Vollständigkeit dieser Informationen. Haftungsansprüche gegen den Autor sowie gegen den Verlag, welche sich auf Schäden materieller oder ideeller Art beziehen, die durch die Nutzung oder Nichtnutzung der dargebotenen Informationen bzw. durch die Nutzung fehlerhafter und unvollständiger Informationen verursacht wurden, sind grundsätzlich ausgeschlossen, sofern seitens des Autors bzw. des Verlages kein vorsätzliches oder grob fahrlässiges Verschulden vorliegt.

© edel entertainment GmbH, Hamburg
www.moewig.de

Text: Heiderose Engelhardt
Redaktion, Layout und Satz: alpha & bet VERLAGSSERVICE, München

Originalausgabe
Alle Rechte vorbehalten
Umschlagabbildung: Corbis, Stapleton Collection, Düsseldorf
Printed in Germany
ISBN: 978-3-927801-31-8

Inhalt

Vorwort

Wörter mit der griechischen Vorsilbe „Geo" implizieren einen Bezug zur Erde, und dies auf vielfältige Weise. Die Geowissenschaften erforschen die Erde in allen Dimensionen und Elementen – vom innersten Kern bis zur äußersten Schicht der Lufthülle. Sie beschäftigen sich mit dem Wetter, dem Klima, den Naturgewalten, mit dem Wasser, den Gesteinen, den Landschaftsformationen und nicht zuletzt mit den Bewohnern; sie befassen sich auch mit der gesamten zeitlichen Skala der Erdgeschichte, untersuchen gegenwärtige Gegebenheiten und prognostizieren zukünftige Entwicklungen. Dabei unterteilen sich die Geowissenschaften in viele Disziplinen, wie Geologie, Paläontologie, Geophysik, Mineralogie, Glaziologie, Kartografie oder Meteorologie.

Die Geografie erkundet das Geosystem Mensch – Erde und gliedert sich in zwei Hauptbereiche: die Physische Geografie, die vor allem die natürliche Struktur und Dynamik der Erdoberfläche betrachtet, und die Humangeografie oder Anthropogeografie, die den vielfältigen Einfluss des Menschen auf den geografischen Raum bzw. die Wechselwirkungen zwischen beiden untersucht. Letztere ist eine Nahtstelle zwischen Natur- und Sozialwissenschaften, wie Wirtschaft, Politik oder Kulturwissenschaften.

Geowissenschaften tragen zum Verständnis globaler Zusammenhänge bei und lassen ein Bewusstsein für die Einmaligkeit unseres Planeten entstehen. Dabei macht es aber auch einfach Spaß, sich mit Erdkunde zu befassen, und es gibt kaum ein anderes Wissensgebiet, das so facettenreich ist und ständig in neue Bereiche weiterführt. Zu einer solchen unterhaltsamen, spannenden und zugleich lehrreichen Beschäftigung soll dieses Buch einladen.

Erdgeschichte

Frage

1

Wie heißt das älteste Erdzeitalter?

- *Mesozoikum*
- *Känozoikum*
- *Paläozoikum*

2

Wie hieß der Urkontinent, der vor etwa 300 Millionen Jahren entstand?

- *Gondwana*
- *Pangäa*
- *Panthalassa*

3

Welche dieser erdgeschichtlichen Perioden ist die älteste?

- *Kambrium*
- *Karbon*
- *Jura*

4

In welcher erdgeschichtlichen Periode entstand der Uratlantik?

- *Perm*
- *Jura*
- *Kreidezeit*

Antwort

1

Das ***Paläozoikum,*** oder auch Erdaltertum, ist das älteste der drei Erdzeitalter. Es währte von der Entstehung der Erde vor etwa 4,6 Milliarden Jahren bis zum Beginn des ***Mesozoikums*** vor 251 Millionen Jahren und dauerte sechs- bis achtmal länger als die gesamte nachfolgende Erdgeschichte zusammen. Das ***Känozoikum,*** oder die Erdneuzeit, begann vor 65,5 Millionen Jahren.

2

Die Landmassen der Erde bildeten vor etwa 300 Millionen Jahren den Urkontinent ***Pangäa.*** Dieser war vom Urmeer ***Panthalassa*** umgeben. Als sich vor 200 Millionen Jahren die Erdplatten weiter bewegten, zerbrach Pangäa in zwei Kontinente: in Laurasia, aus dem sich Nordamerika und Eurasien bildeten, und ***Gondwana,*** die Landmasse, aus der Südamerika, Afrika, Antarktika und Indien hervorgingen.

3

Das ***Kambrium*** (vor 542 bis 488 Millionen Jahren) ist das älteste der genannten Systeme. In dieser ältesten Periode des Erdaltertums entstanden fast alle Tierarten. Im ***Karbon*** (vor 359 bis 299 Millionen Jahren) ist die Steinkohle aus den versunkenen Wäldern des Oberkarbons entstanden. Das ***Jura*** ist eine mittlere erdgeschichtliche Periode vor etwa 200 bis 145 Millionen Jahren, in der das Juragestein aus Ablagerungen auf dem Meeresboden entstand.

4

Im ***Jura,*** vor 200 Millionen Jahren, entstand der Uratlantik, als der Superkontinent Pangäa, der noch im ***Perm*** eine einzige Landmasse bildete, auseinanderbrach. In der ***Kreidezeit,*** vor 135 Millionen Jahren, drifteten die Kontinentalschollen weiter auseinander, riesige Flächen des Landes wurden überspült.

Frage

5

Welches dieser Gewässer ist in seiner erdgeschichtlichen Entstehung das jüngste?

- *Indischer Ozean*
- *Mittelmeer*
- *Ostsee*

6

In welcher erdgeschichtlichen Zeit vollzog sich das größte Massenaussterben auf der Erde?

- *Perm*
- *Oberdovizium*
- *Oberdevon*

7

In welchem Erdzeitalter starben die wohl größten Tiere der Erde aus?

- *Kreidezeit*
- *Pleistozän*
- *Jura*

8

Wann entstanden die Alpen, die Anden und die Rocky Mountains?

- *Holozän*
- *Kreidezeit*
- *Pleistozän*

Antwort

5

Die ***Ostsee*** ist ein sehr junges Meer und entstand am Ende der letzten Eiszeit vor etwa 12000 Jahren. Die meisten großen Meere in Europa und Asien, wie das ***Mittelmeer*** oder der ***Indische Ozean,*** sind Rest- und Nachfolgemeere des Tethysmeeres, das im Erdmittelalter (Mesozoikum) im Osten des Superkontinents Pangäa lag.

6

Am Ende des ***Perms,*** vor rund 253 Millionen Jahren, vollzog sich das größte Massenaussterben von Lebewesen, bei dem etwa 90% aller Arten verschwanden. Schon in früheren Erdzeitaltern gab es solche Ereignisse, wie am Ende des ***Oberdoviziums*** vor etwa 450 Millionen Jahren oder im ***Oberdevon*** vor ca. 350 Millionen Jahren, als massenhaft Meereslebewesen ausstarben.

7

Die Dinosaurier waren vermutlich die größten Lebewesen auf der Erde. Sie verschwanden gegen Ende der ***Kreidezeit*** aus nicht geklärten Gründen. Dinosaurier hatten ihre größte Verbreitung zwischen dem ***Jura*** und der Kreidezeit. Durch die Klimaveränderungen im ***Pleistozän*** starben hingegen verhältnismäßig wenige Tier- und Pflanzenarten aus.

8

Am Ende der ***Kreidezeit*** falteten sich große Gebirge auf, wobei Teile der Alpen, der Anden und der Rocky Mountains entstanden. In der letzten Kaltzeit des ***Pleistozäns*** waren große Teile Europas von Eispanzern bedeckt, die Oberfläche der Gebirge wurde durch die Bewegungen der Gletscher überformt. In der jüngsten, heute noch andauernden Periode, im ***Holozän,*** halten Prozesse der Auffaltung sowie An- und Abtragung von Gebirgen an.

Frage

9

Welches dieser Gebirge ist seiner erdgeschichtlichen Entstehung nach das jüngste?

- *Böhmerwald*
- *Alpen*
- *Rhön*

10

In welchem Erdzeitalter entstanden die Braunkohlelagerstätten?

- *Tertiär*
- *Karbon*
- *Känozoikum*

11

Die zeitlichen Etappen der eiszeitlichen Vergletscherungen des Alpenvorlands wurden nach Flüssen benannt. Welcher Fluss benennt die jüngste?

- *Würm*
- *Mindel*
- *Riß*

12

Wann war das letzte Eiszeitalter?

- *während des Präkambriums*
- *vor 280 Millionen Jahren*
- *heute*

Antwort

9

Die ***Alpen*** sind ein – erdgeschichtlich betrachtet – junges Faltengebirge und entstanden vor ca. 30 Millionen Jahren. Wesentlich älter sind die Mittelgebirge Mitteleuropas, wie die ***Rhön,*** der Harz oder der ***Böhmerwald.*** Sie sind Restgebirge eines im jüngeren Paläozoikum entstandenen Faltengebirges (Variskisches Gebirge).

10

Die Braunkohlelagerstätten entstanden im ***Tertiär*** vor ca. 65 Millionen Jahren aus in Sümpfen versunkenem und unter Druck geratenem Holz von Wäldern. Steinkohle ist älter. Ihre Entstehungszeit ist das ***Karbon*** (vor 359 Millionen bis 299 Millionen Jahren). Das Tertiär ist die älteste Periode des ***Känozoikums,*** der Erdneuzeit, die seit ca. 65 Millionen Jahren bis heute währt.

11

Die jüngste der Eiszeitperioden vor 150 000 bis 10 000 Jahren, bei denen das Alpenvorland mit Gletschern überzogen war, trägt den Namen des bayerischen Flüsschens ***Würm.*** Die älteste Kaltzeit des Alpenvorlands wurde nach der ***Mindel*** und die darauf folgende nach der ***Riß*** benannt. Im Norden entsprechen diesen die nach der Weichsel, Elster und Saale benannten Kaltzeiten.

12

Von einem Eiszeitalter spricht man, wenn die Pole der Erde von Eis bedeckt sind. Das jüngste begann vor ca. 2,6 Millionen Jahren und hält noch ***heute*** mit einer Warmzeit innerhalb dieses Eiszeitalters an. Im ***Präkambrium*** war die Erde mehrmals komplett von Eis bedeckt. Vor ***280 Millionen Jahren*** begann das permo-karbonische Eiszeitalter, als der Südkontinent Gondwana vereist war, während das heutige Mitteleuropa in Äquatornähe lag und tropisches Klima hatte.

Gebirge

Frage

1

Wie heißt das längste Falten-gebirge der Welt?

- *Anden*
- *Kordilleren*
- *Kaskadenkette*

2

Welches Gebirge liegt auf dem Gebiet Afghanistans?

- *Altai*
- *Kaukasus*
- *Hindukusch*

3

Auf welchem dieser Länder-territorien liegt der Kaukasus nicht?

- *Russland*
- *Georgien*
- *Turkmenistan*

4

Wie heißt die nördlichste Gebirgskette Alaskas?

- *Brookskette*
- *Mount Chamberlin*
- *Alaskakette*

Antwort

1

Die ***Kordilleren*** im Westen des amerikanischen Doppelkontinents bilden das längste Faltengebirge der Erde und reichen von Alaska bis an die Südspitze Südamerikas. Im Norden bestehen sie aus mehreren Gebirgszügen, wie den Rocky Mountains oder der ***Kaskadenkette.*** Die ***Anden*** sind der südliche Teil der Kordilleren und durchziehen die gesamte Westseite Südamerikas.

2

In Afghanistan liegt der ***Hindukusch,*** der das Land in eine Nord- und eine Südregion teilt. Seine östliche Bergkette mit dem höchsten Gipfel des Landes, dem 7486 m hohen Noshak, reicht in pakistanisches Gebiet. Der ***Kaukasus*** ist ein eurasisches Gebirge zwischen Schwarzem Meer und Kaspischem Meer. Der ***Altai,*** ein zentralasiatisches Hochgebirge, liegt auf den Territorien von Kasachstan, Russland, China und der Mongolei.

3

Der zentralasiatische Staat ***Turkmenistan*** grenzt an das Südostufer des Kaspischen Meeres. Von da kann man den Kaukasus zwar am anderen Ufer sehen, er liegt aber nicht auf seinem Staatsterritorium. Das eurasische Gebirge erstreckt sich von Nordwest nach Südost zwischen Kaspischem Meer und Schwarzem Meer und zieht sich über die Staatsgebiete von ***Russland, Georgien,*** Armenien und Aserbaidschan.

4

Das nördlichste Gebirge Alaskas ist die ***Brookskette.*** Sie zieht sich oberhalb des Polarkreises am 68. Breitengrad von der Beringstraße zur Beaufortsee 1000 km durch Alaska. Ihr höchster Berg ist der 2749 m hohe ***Mount Chamberlin.*** Die Brookskette ist in Alaska der zweite Gebirgszug neben der südlicheren ***Alaskakette.***

Gebirge

Frage

5

Welches ist der höchste Berg der Erde, von seinem Fuß aus gemessen?

- *Mount Everest*
- *Mauna Kea*
- *Kilimandscharo*

6

Wie heißt die höchste Erhebung Nordamerikas?

- *Mount McKinley*
- *Alaskakette*
- *Rocky Mountains*

7

Welches ist der höchste Berg Russlands?

- *Elbrus*
- *Ararat*
- *Pik Lenin*

8

Welches ist der höchste Berg auf dem Festland Spaniens?

- *Mulhacén*
- *Pico del Tide*
- *Pico de Aneto*

Antwort

5

Der ***Mauna Kea*** auf Hawaii ist der höchste Berg der Erde, nimmt man als Bezugspunkt den Fuß des Berges. Er steigt vom Meeresboden auf und ist so fast 10000 m hoch, wovon 4205 m über dem Meeresspiegel liegen. Der ***Mount Everest*** liegt 8850 m über dem Meeresspiegel und ist so gemessen unbestritten der höchste Berg. Misst man aber vom Erdmittelpunkt aus, ist der ***Kilimandscharo*** noch höher als der nördlicher gelegene Mount Everest.

6

Die höchste Erhebung Nordamerikas ist der 6194 m hohe ***Mount McKinley,*** der zur ***Alaskakette*** gehört. Der Berg wurde nach dem 25. US-Präsidenten William McKinley benannt. Die Alaskakette ist die südliche Hauptkette der Kordilleren in Alaska. Die ***Rocky Mountains*** sind der östliche Teil der nordamerikanischen Kordilleren und steigen auf über 4000 m an (Mount Elbert 4399 m).

7

Der ***Elbrus*** ist mit 5642 m der höchste Berg des Kaukasus und auch Russlands und liegt nur etwa 11 km nördlich der georgischen Grenze. Der 5165 m hohe ***Ararat*** gilt als Nationalberg der Armenier, liegt aber auf türkischem Territorium. Der 7134 m hohe ***Pik Lenin*** befindet sich im nördlichen Teil des Pamir-Gebirges an der Grenze Tadschikistans und Kirgisistans.

8

Der 3482 m hohe ***Mulhacén*** ist der höchste Berg auf dem spanischen Festland und liegt in der Sierra Nevada in der andalusischen Provinz Granada. Der zweithöchste Berg auf der iberischen Halbinsel, der 3404 m hohe ***Pico de Aneto*** im Norden von Aragón, gehört zu den Pyrenäen. Der höchste Berg Spaniens ist jedoch der ***Pico del Tide*** (3718 m) auf der spanischen Kanareninsel Teneriffa.

Frage

9

Welches ist der höchste Berg Österreichs?

- *Zugspitze*
- *Großglockner*
- *Wildspitze*

10

Welches ist der größte Monolith der Erde?

- *Ayers Rock (Australien)*
- *Mount Augustus (Australien)*
- *El Capitan (USA)*

11

Wo liegen die mitunter über 4500 m hohen Virungavulkane?

- *Mosambik*
- *Uganda*
- *Syrien*

12

Welches ist der höchste aktive Vulkan der Erde?

- *Guallatiri*
- *Ojos del Salado*
- *Ätna*

Antwort

9

Der höchste Berg Österreichs ist der 3798 m hohe ***Groß-glockner*** in den Hohen Tauern. Gefolgt wird er von der 3772 m hohen ***Wildspitze*** in den Ötztaler Alpen. Die ***Zug-spitze*** gehört zum Wettersteingebirge und liegt auf der Grenze zu Deutschland, wo sich auch ihr Gipfel befindet.

10

Der ***Mount Augustus*** im Westen Australiens ist der größte Monolith der Erde. Er ist 1106 m hoch, 7 km lang und 3 km breit und damit 2,5-mal größer als der ***Ayers Rock*** in Zentralaustralien, den die Aborigines Uluru nennen und als Heiligtum verehren. Er ist jedoch kein Monolith, sondern Teil einer hauptsächlich unterirdischen Felsformation. Der zweitgrößte Monolith der Welt ist der 1000 m hohe ***El Capitan*** im Yosemite Nationalpark in Kalifornien, berühmt als Eldorado für Freikletterer.

11

Die acht aktiven Virungavulkane liegen im Grenzgebiet von ***Uganda,*** Ruanda und der Demokratischen Republik Kongo. Sie sind die Heimat der seltenen und friedlichen Berggorillas, doch sind sie die gefährlichsten Vulkane der Welt, wie der Ausbruch des Nyiragongo von 2002 bewies. Das Vulkanfeld ist Teil des Ostafrikanischen Grabens, der von ***Syrien*** bis nach ***Mosambik*** reicht.

12

Der im Norden Chiles in den Anden gelegene 6060 m hohe ***Guallatiri*** ist der höchste noch aktive Vulkan der Erde. In der Atacamawüste, an der Grenze von Chile zu Argentinien, liegt der ***Ojos del Salado.*** Er ist mit 6893 m der höchste Vulkan der Welt, gilt allerdings als nicht mehr aktiv. Der mit 3323 m höchste europäische Vulkan, der ***Ätna*** auf Sizilien, ist ständig aktiv.

Frage

13

Welcher dieser Vulkane gilt als Hochrisikovulkan?

- *Nyiamuragira*
- *Stromboli*
- *Kaiserstuhl*

14

Welches ist das am nördlichsten gelegene deutsche Mittelgebirge?

- *Harz*
- *Wiehengebirge*
- *Schwarzwald*

15

Wie heißt das bewaldete Mittelgebirge am Schnittpunkt von Unter-, Mittel- und Oberfranken?

- *Spessart*
- *Steigerwald*
- *Odenwald*

16

Welchen Berg des Thüringer Waldes bestieg Goethe im Jahr 1780?

- *Kickelhahn*
- *Inselsberg*
- *Großer Beerberg*

Antwort

13

Hochgefährlich sind Vulkane, die vermehrte Aktivitäten zeigen, wie der **Nyiamuragira** in Afrika, der zuletzt 2002 ausbrach und seine gesamte Umgebung verheerte. Manche Vulkane sind längst erloschen, wie z. B. der ***Kaiserstuhl,*** andere ruhen nur zeitweise und können durchaus wieder ausbrechen. Der ***Stromboli*** entlädt sich fortwährend und baut dabei Spannungen ab. Daher ist er nicht sonderlich gefährlich.

14

Das **Wiehengebirge** ist ein bis 320 m hohes Gebirge des Weserberglands im Nordostteil Nordrhein-Westfalens und im Südwesten Niedersachsens. Es ist das am nördlichsten gelegene Mittelgebirge Deutschlands und befindet sich noch etwas nördlicher als der ***Harz,*** der allerdings wesentlich höhere Berge besitzt. Der ***Schwarzwald*** im Südwesten Baden-Württembergs ist Deutschlands größtes zusammenhängendes Mittelgebirge.

15

Im Norden Bayerns, am Schnittpunkt von Unter-, Mittel- und Oberfranken, südlich des Mains, liegt der **Steigerwald.** Der ***Spessart*** erstreckt sich über eine 2440 km^2 große Fläche in Bayern und Hessen und wird vom Main und seinen Nebenflüssen Kinzing und Sinn begrenzt. Das Maintal bildet die Grenze zum ***Odenwald,*** der im Westen zur Oberrheinebene abfällt.

16

Goethe bestieg den 861 m hohen **Kickelhahn,** den Hausberg Ilmenaus. Der Kickelhahn ist ein Berg an der Nordwestflanke des Thüringer Waldes, dessen höchste Berge der ***Große Beerberg*** (982 m) bei Suhl und der ***Große Inselsberg*** (916 m) sind.

Frage

1

Welches ist die größte zusammenhängende Landmasse der Erde?

- *Asien*
- *Eurasien*
- *Russland*

2

Wie viel Prozent der festen Erdoberfläche sind derzeit von Gletschern bedeckt?

- *10 %*
- *71 %*
- *32 %*

3

Wie groß ist die Fläche des Grönlandeises?

- *2 Millionen km^2*
- *12,6 Millionen km^2*
- *1,7 Millionen km^2*

4

An welcher Stelle der südlichen Westküste Afrikas wird das Meerwasser plötzlich wärmer?

- *Kap der Guten Hoffnung*
- *Kap Agulhas*
- *Cape Point*

Antwort

1

Eurasien ist die größte zusammenhängende Landmasse der Erde und besteht aus den Kontinenten Europa und Asien. Für eine innereurasische Grenze gibt es geografisch kein eindeutiges Merkmal. ***Russland*** nimmt einen bedeutenden Teil Eurasiens ein und hat Anteil am europäischen und asiatischen Kontinent. ***Asien*** ist der größte Kontinent der Erde.

2

Das Festland der Erde wird zu ***10 %*** von Gletschern überzogen, das sind rund 15 Millionen km^2. Die größten Gletscher gibt es in der Antarktis und Alaska. Während der letzten Kaltzeit vor 18 000 Jahren waren ***32 %*** der Erdoberfläche vergletschert. Die Erdoberfläche ist zu ***71 %*** von Wasser bedeckt.

3

Das Grönlandeis hat eine Fläche von ***1,7 Millionen km^2*** und ist durchschnittlich etwa 3000 m mächtig. Es gilt als relativ beständig, schmilzt in letzter Zeit aber schneller als zuvor. Das Meereis am Nordpol kann sich schnell auflösen und neu bilden, denn es ist nur etwa 3 m dick. Es erstreckt sich über ***2 Millionen km^2.*** Die Inlandeisfläche der Antarktis hat eine Fläche von ***12,6 Millionen km^2*** und besteht wahrscheinlich seit fast 2 Millionen Jahren.

4

Das ***Kap der Guten Hoffnung*** ist der südwestlichste Punkt Afrikas, wo der von der Ostküste südwärts strömende warme Agulhasstrom spürbar wird. Hier wird in Richtung Süden das Meerwasser also wärmer. Irrtümlich wird oft schon das etwas östlicher liegende ***Cape Point*** für das Kap der Guten Hoffnung gehalten. Etwa 150 km weiter nach Osten liegt das ***Kap Agulhas,*** die Südspitze Afrikas.

Frage

5

Welches Vulkangebiet gehört nicht zum Pazifischen Feuerring?

- *Insel Réunion*
- *Aleuten*
- *Kurilen*

6

Wo liegt der „Kältepol" der Erde?

- *Hochland von Tibet*
- *Altiplano Hochebene*
- *Hochland von Oimjakon*

7

Wo befinden sich die Süd-Shetlandinseln?

- *im Nordatlantik*
- *vor der Antarktis*
- *im Nord-polarmeer*

8

Wie heißt die nördlichste und südlichste Vegetationszone?

- *Taiga*
- *Tundra*
- *boreale Zone*

Antwort

5

Der aktive Vulkan Piton de la Fournaise auf der ***Insel Réunion*** im Indischen Ozean gehört zu einem Gebiet mit gehäuftem Vulkanismus. Die meisten Vulkane finden sich im Pazifischen Feuerring, der die gesamte Pazifische Platte umspannt. Allein auf die westpazifischen Inselbögen, zu denen z. B. die ***Aleuten*** oder ***Kurilen*** gehören, entfallen 45 % aller Vulkane der Erde.

6

Das ***Hochland von Oimjakon*** in Norostsibirien ist der „Kältepol der Erde". Seine Bergketten öffnen sich nach Nordwesten U-förmig und fangen regelrecht kalte arktische Luft auf. Das 2 Millionen km^2 große ***Hochland von Tibet*** liegt auf einer mittleren Höhe von 4500 m. Zwischen der West- und Ostkette der Anden liegt auf durchschnittlich 3600 m der ***Altiplano***, eine Hochebene in Peru und Bolivien mit kaltem, aridem Klima.

7

Die Süd-Shetlandinseln – elf größere und mehrere kleine Inseln – liegen etwa 150 km vor der ***Antarktis.*** Sie sind zu 80 % von Gletschern bedeckt. Die Shetlandinseln liegen zwischen Schottland und Norwegen im ***Nordatlantik.*** Die zu Russland gehörenden, unbewohnten Neusibirischen Inseln liegen im ***Nordpolarmeer.***

8

Die ***Tundra*** ist die subpolare baumlose Vegetationszone im Bereich des Dauerfrostbodens und liegt den Polen jeweils am nächsten. Nur auf der Nordhalbkugel schließt sich nach Süden die ***boreale Zone*** mit Nadelwäldern, die ***Taiga,*** an. Sie erstreckt sich von Sibirien über Finnland, Skandinavien und Schottland und setzt sich in Nordamerika fort.

Frage

9

Wo liegen die größten tropischen Regenwälder?

- *Amazonasbecken*
- *Kongobecken*
- *Indonesien*

10

Welches dieser Gebiete verzeichnet den stärksten Rückgang des Regenwalds?

- *Nigeria*
- *Brasilien*
- *Madagaskar*

11

Welches europäische Land besitzt die meisten Seen?

- *Finnland*
- *Deutschland*
- *Polen*

12

Was ist eine glaziale Serie?

- *Gletscher*
- *eiszeitlich geformtes Landschaftsrelief*
- *Urstromtäler*

Antwort

9

Tropische Regenwälder befinden sich beidseits des Äquators bis zum 10. Breitengrad. Das ***Amazonasbecken*** ist die größte tropische Regenwaldregion. Im ***Kongobecken*** befinden sich etwa ein Viertel der heute vorhandenen tropischen Regenwälder. In ***Indonesien*** gibt es auf Borneo, Sumatra, Westjava, Papua, den Molukken und Sulawesi große Regenwälder mit immerfeuchtem Tropenklima.

10

Innerhalb der letzten 40 Jahre wurde die Hälfte der Regenwälder zerstört, am meisten in Ost- und Westafrika, wo 72% der Regenwälder vernichtet sind, in ***Nigeria*** sind es sogar 90%. Auf der Insel ***Madagaskar*** existiert nur noch ein Rest von etwa 20% des einstigen Regenwaldbestands. Besonders schnell schreitet die Zerstörung derzeit in ***Brasilien*** voran, wo der Küstenwald am Atlantik bereits nahezu verschwunden ist.

11

Finnland wird „Land der 1000 Seen" genannt. Es gibt hier exakt 187888 Seen. Die Finnische Seenplatte im Süden des Landes ist die größte in Europa und entstand während der letzten Eiszeit. Die Mecklenburgische Seenplatte in ***Deutschland*** oder die Masuren und die Pommersche Seenplatte in ***Polen*** wurden gleichfalls von den Gletschermassen während der Eiszeit „ausgehobelt".

12

Eine glaziale Serie ist ein ***typisches Landschaftsrelief,*** das vom Inlandeis oder von ***Gletschern*** der Kaltzeit des Pleistozäns nach dem Abschmelzen hinterlassen wurde. In Nord- und Mitteleuropa gibt es einige glaziale Serien aus Grundmoränen, Endmoränen, Sanderebenen und ***Urstromtälern.*** Im Alpenrandgebiet bestehen die glazialen Serien aus Zungenbecken, Endmoränen und Schotterfeldern.

Frage

13

Wie heißt die Grassteppe Argentiniens?

- *Prärie*
- *Pampa*
- *Llanos*

14

Wo befindet sich die höchste Wanderdüne Europas?

- *Litauen*
- *Frankreich*
- *Polen*

15

Wo liegt der größte Teil des Yellowstone Nationalparks?

- *Rocky Mountains*
- *Wyoming*
- *Montana*

16

Welches ist das größte zusammenhängende Heidegebiet Deutschlands?

- *Lüneburger Heide*
- *Dübener Heide*
- *Schorfheide*

Antwort

13

Die ausgedehnte Grassteppe Argentiniens im Mündungsgebiet des Rio de la Plata heißt ***Pampa.*** Sie wird im Westen von den Anden und im Osten vom Atlantik begrenzt und ist Kerngebiet der Rinderzucht Argentiniens, aber auch des Weizen- und Maisanbaus. Im Inneren Nordamerikas heißt das weite Grasland ***Prärie. Llanos*** sind baumarme Ebenen in den Tropen Lateinamerikas mit Savannen- bis Wüstencharakter.

14

Die höchste Wanderdüne Europas liegt in ***Frankreich.*** Die 117 m hoch aufragende Dune du Pyla befindet sich an der Atlantikküste bei Arcachon. Auf dem Territorium ***Litauen***s, auf der Kurischen Nehrung, liegt eine gewaltige Wanderdüne, die Hohe Düne. Auch in ***Polen*** gibt es an der Ostseeküste riesige Wanderdünen, so beim Seebad Leba.

15

Der Yellowstone Nationalpark, 1872 gegründet und der älteste Nationalpark der Welt, liegt zum größten Teil in ***Wyoming,*** aber auch in ***Montana*** und in Idaho. Landschaftlich schließt er Teile der ***Rocky Mountains*** ein. Große Teile seines Gebiets liegen in der vor 640 000 Jahren entstandenen Caldera des Yellowstone-Vulkans.

16

Der Naturpark ***Lüneburger Heide*** in Niedersachsen ist das Herz des größten zusammenhängenden Heidegebiets Europas. Er ist der älteste Naturpark Deutschlands. Eine intensive Beweidung hat hier zur Formung des fast baumlosen Landschaftsbilds beigetragen. Auch die ***Dübener Heide*** im Norden Sachsens und im Nordosten Sachsen-Anhalts oder die ***Schorfheide*** in Brandenburg gehören zu diesem Landschaftstyp mit kargen Böden.

Frage

17

Wie heißt die nördlichste der Liparischen Inseln?

- *Stromboli*
- *Lipari*
- *Vulcano*

18

Welches ist die nördlichste Inselgruppe der Philippinen?

- *Mindanao*
- *Luzon*
- *Visayas*

19

Auf welcher Insel Japans fanden 1998 die Olympischen Winterspiele statt?

- *Hokkaido*
- *Honshu*
- *Kyushu*

20

Welches Atoll im Zentralpazifik wurde von James Cook entdeckt und nach einem christlichen Feiertag benannt?

- *Osterinsel*
- *Osterinseln*
- *Weihnachtsinsel*

Antwort

17

Stromboli mit dem gleichnamigen Vulkan ist die nördlichste der Liparische Inseln. Die Insel ***Lipari*** gab der Inselgruppe im Tyrrhenischen Meer nördlich von Sizilien ihren Namen. Der Archipel ist vulkanischen Ursprungs. Davon zeugt auch der Name der Insel ***Vulcano*** mit ihrem noch aktiven Vulkan.

18

Der philippinische Archipel gliedert sich wiederum in drei Inselgruppen: ***Luzon*** mit der gleichnamigen und größten Insel, auf der sich auch die Hauptstadt Manila befindet, ist die am nördlichsten gelegene Inselgruppe. ***Mindanao*** mit der ebenfalls gleichnamigen und zweitgrößten Insel des Landes ist die südlichste Inselgruppe. Dazwischen liegen die ***Visayas*** mit sechs Hauptinseln.

19

Die Olympischen Winterspiele fanden 1998 in Nagano statt, einem Wintersportzentrum, das sich auf der japanischen Insel ***Honshu*** befindet. Honshu gilt als das japanischen „Kernland", hier ragt der Fujiyama, Japans höchster Berg, empor und hier liegt auch Tokio, die Hauptstadt Japans. Neben ***Hokkaido***, der nördlichsten und zugleich zweitgrößten Insel Japans, gehören ***Kyushu*** und Shikoku im Süden zu den japanischen Hauptinseln.

20

James Cook entdeckte die ***Weihnachtsinsel*** im Zentralpazifik Weihnachten 1777. Diese größte Koralleninsel der Welt ist seit den 1950er-Jahren Atombomben-Testgelände. Die zu Chile gehörende ***Osterinsel*** im Südpazifik verdankt ebenfalls ihren Namen dem Tag ihrer Entdeckung, dem Ostersonntag 1722. Im Indischen Ozean, 60 km vor der westaustralischen Küste, liegen die unbewohnten ***Osterinseln.***

Frage

21

Wo findet man Avalon?

- *an der Küste Neufundlands*
- *in Somerset*
- *in Nordmarokko*

22

Wie heißt die zweitgrößte Insel Deutschlands?

- *Usedom*
- *Sylt*
- *Rügen*

23

Welche dieser Inseln liegt im Ärmelkanal?

- *Guernsey*
- *Isle of Man*
- *Cotentin*

24

Welche der Ostfriesischen Inseln darf mit Autos befahren werden?

- *Norderney*
- *Juist*
- *Borkum*

Antwort

21

Avalon ist eine Halbinsel der kanadischen ***Küste Neufundlands,*** also Nordamerikas, gehört aber geologisch zu Europa. Dieses Avalon ist aber nicht jener mythische Ort, der im englischen ***Somerset*** angesiedelt wird. Avalonia heißt ein Mikrokontinent, der sich vor 435 Millionen Jahren von Gondwana abspaltete und Teile davon sind heute z. B. in Südirland und ***Nordmarokko*** enthalten.

22

Die Ostseeinsel ***Usedom*** ist die zweitgrößte Insel Deutschlands und hat eine Fläche von 445 km^2, wobei ca. 91 km^2 im Osten zu Polen gehören. Die größte deutsche Insel ist mit 926 km^2 ***Rügen.*** Usedom und Rügen gehören zu Mecklenburg-Vorpommern. Die schleswig-holsteinische Insel ***Sylt*** ist die größte Nordseeinsel Deutschlands und liegt mit ihrem nördlichen Teil vor der Küste Dänemarks.

23

Die Insel ***Guernsey*** ist nach Jersey die größte der britischen Kanalinseln. Wie alle Inseln und Gegenden im/am Ärmelkanal hat sie dank des Golfstroms ein mildes Klima. Die 572 km^2 große ***Isle of Man*** liegt in der Irischen See. ***Cotentin*** ist eine französische Halbinsel in der Normandie und liegt am Ärmelkanal.

24

Die sieben Ostfriesischen Inseln gehören zum Nationalpark Niedersächsisches Wattenmeer. Alle Inseln, mit Ausnahme von ***Borkum,*** der größten und am westlichsten gelegenen Insel, sind für Autos gesperrt. Auf der Insel ***Norderney*** ist der Autoverkehr stark eingeschränkt. Alle anderen Inseln, wie auch die 17 km lange Insel ***Juist,*** sind absolut autofrei.

Frage

25

Wie heißt der westliche Eingang der Straße von Gibraltar?

- *Kap Trafalgar*
- *Kap Spartel*
- *Tarifa*

26

Welcher See im Bereich des Großen Afrikanischen Grabenbruchs gehört nicht zu Afrika?

- *Tanganjikasee*
- *See Genezareth*
- *Victoriasee*

27

Welcher Graben liegt vor der Westküste Südamerikas?

- *Puerto-Rico-Graben*
- *Atacamagraben*
- *Marianengraben*

28

Wie heißt die geologische Formation, die durch das Auseinanderdriften zweier Kontinentalplatten auf dem Meeresboden entstanden ist?

- *Sankt-Andreas-Graben*
- *Großer Afrikanischer Grabenbruch*
- *Mittelatlantischer Rücken*

Antwort

25

Das ***Kap Trafalgar*** an der Südküste Spaniens ist das westliche Tor zur Straße von Gibraltar. ***Kap Spartel,*** ein Vorgebirge im Norden Marokkos, ist der nordwestlichste Punkt Afrikas und liegt am Eingang der Straße von Gibraltar. Die spanische Hafenstadt ***Tarifa*** befindet sich an der schmalsten Stelle der Straße von Gibraltar und ist der südlichste Punkt Spaniens.

26

Der Große Afrikanische Grabenbruch erstreckt sich von Südwestasien bis in den Südosten Afrikas über 9000 km. In seinem Bereich haben sich große Seen ausgebildet, im nördlichen Teil des Jordantals der ***See Genezareth*** und im Süden das Tote Meer. Diese Seen gehören zum asiatischen Kontinent. In Afrika liegen im Grabensystem die drei größten Seen des Kontinents: der ***Victoriasee,*** der ***Tanganjikasee*** und der Malawisee.

27

Der im Pazifik vor der Westküste Südamerikas gelegene Tiefseegraben heißt ***Atacamagraben.*** Er ist über 8065 m tief. Im ***Puerto-Rico-Graben*** in der Karibik befindet sich mit 9219 m die tiefste Stelle des Atlantischen Ozeans. Die größten Tiefen aller Weltmeere liegen im westlichen Pazifischen Ozean. Spitzenreiter ist der ***Marianengraben,*** der in eine Tiefe bis zu 11034 m erreicht.

28

Bewegen sich zwei Kontinentalplatten auf dem Meeresboden voneinander weg, bilden sich unterseeische Gebirge durch aus dem Erdmantel aufsteigendes Magma, wie der ***Mittelatlantische Rücken.*** Dehnungen zwischen den Platten bewirken Grabenbrüche, wie z. B. den ***Großen Afrikanischen Grabenbruch.*** Am ***Sankt-Andreas-Graben*** in Kalifornien driften zwei Platten aneinander vorbei.

Frage

29

Welches ist das trockenste Gebiet der Welt?

- *Australischen Wüsten*
- *Sahara*
- *Antarktis*

30

Welche dieser Wüstenlandschaften liegt nicht in Afrika?

- *Gobi*
- *Namib*
- *Kalahari*

31

Wo wird derzeit das größte Landgewinnungsprojekt der Welt realisiert?

- *Persischer Golf*
- *Aralsee*
- *Niederlande*

32

Wo liegt der Burning Mountain?

- *China*
- *Australien*
- *Sibirien*

Antwort

29

Das Festland der ***Antarktis*** ist das trockenste Gebiet der Welt, besonders in den Trockentälern herrschen extrem lebensfeindliche Verhältnisse. Die 8 700 000 km² große ***Sahara*** in Nordafrika ist die größte heiße Trockenwüste. Die ***Australischen Wüsten*** bilden mit 1 560 000 km² das größte Wüstengebiet der Welt.

30

Gobi heißt die etwa 1000 m hoch gelegene trockene Halbwüste in Zentralasien, die sich in der Mongolei und in China ausdehnt. Im afrikanischen Namibia erstreckt sich entlang der Atlantikküste die ***Namib,*** die älteste Wüste der Welt. Die afrikanische Halbwüste ***Kalahari*** gehört zu Namibia, Südafrika und Botswana.

31

An der Küste vor Dubai im ***Persischen Golf*** entstehen im weltweit größten Landgewinnungsprojekt durch künstliche Sandaufspülung Inseln als Luxusressorts. In den ***Niederlanden*** wurde über Jahrhunderte Land durch Eindeichung und Polderung gewonnen. Die Verlandung des ***Aralsees,*** verursacht durch massive Wasserentnahme aus seinen Zuflüssen, ist eine Umweltkatastrophe.

32

Burning Mountain wird das Gebiet ***Südaustraliens*** mit dem wohl dauerhaftesten Kohlebrand der Erde genannt, der schon seit mindestens 2000 Jahren glüht und schwelt. Brennende Kohleflöze, wie sie auch in den Steinkohlegruben ***Chinas*** auftreten, stellen ein ernsthaftes Problem dar, denn sie lassen sich schwer löschen, fressen sich durch weite Gebiete und können zu Erdeinstürzen führen. Eine ähnliche Katastrophe sind die Torfbrände am Rande der Taiga in der Nähe von Novosibirsk in ***Sibirien.***

Städte der Welt

Frage

1

Welches ist die größte Stadt (nur Stadtgebiet) Europas?

- *Moskau*
- *London*
- *Berlin*

2

Welches ist die größte Agglomeration, d. h. der größte Stadtraum samt Vororten?

- *Mexiko Stadt*
- *Tokio*
- *Seoul*

3

Welches war die alte Hauptstadt Pakistans?

- *Karatschi*
- *Rawalpindi*
- *Islamabad*

4

In welchem Gebiet der Erde gibt es die bevölkerungsreichsten Städte (nur Stadtgebiet)?

- *Südamerika*
- *Indischer Subkontinent*
- *Ostasien*

Antwort

1

Moskau ist mit 10,4 Millionen Einwohnern die bevölkerungsreichste Stadt Europas. ***London,*** wo 7,4 Millionen Menschen leben, ist die zweitgrößte Stadt Europas, gefolgt von St. Petersburg, der drittgrößten europäischen Metropole mit rund 4 Millionen Einwohnern. ***Berlin*** hat heute etwa 3,4 Millionen Einwohner.

2

Im Raum ***Tokio*** mit Yokohama und Kawasaki leben heute 34,1 Millionen Menschen, ungefähr ein Viertel der Gesamtbevölkerung Japans. Tokio ist die größte Agglomeration weltweit. In Südamerika hat der Raum ***Mexiko Stadt*** 22,65 Millionen Einwohner und ist eine der am schnellsten wachsenden Großstadtregionen der Erde. Fast ebenso viele Menschen, nämlich 22,5 Millionen, leben im Raum ***Seoul.***

3

Karatschi, am Mündungsdelta des Indus gelegen, war von der Unabhängigkeit Pakistans im Jahr 1947 bis 1958 Regierungssitz. Allein im Stadtgebiet Karatschis leben heute über 11 Millionen Menschen. Pakistan baute in den 1960er-Jahren an einem klimatisch vorteilhafteren Ort eine neue Hauptstadt, ***Islamabad.*** Bis zu ihrem Bezug war ***Rawalpindi*** der Regierungssitz.

4

Auf dem ***indischen Subkontinent*** liegen die drei bevölkerungsreichsten Städte der Erde: Es sind dies in Indien Mumbai (Bombay) mit rund 12,7 Millionen Einwohnern, Delhi mit 11 Millionen Einwohnern und die 11-Millionen-Metropole Karatschi in Pakistan. Megastädte häufen sich auch in Südostasien und ***Ostasien,*** etwa Seoul, Shanghai oder Peking. In ***Südamerika*** ist São Paulo die größte Stadt mit etwas über 10 Millionen Einwohnern.

Frage

5

Welche dieser Hauptstädte war keine sogenannte Planhauptstadt?

- *Bonn*
- *Neu-Delhi*
- *St. Petersburg*

6

Von welchem heutigen Staat ist das einstige Agram die Hauptstadt?

- *Kroatien*
- *Slowenien*
- *Slowakische Republik*

7

Wie heißt die Bundeshauptstadt Australiens?

- *Canberra*
- *Sydney*
- *Melbourne*

8

Wie heißt die Hauptstadt von Brasilien?

- *Brasília*
- *Rio de Janeiro*
- *São Paulo*

Antwort

5

Planhauptstädte wurden auf dem Reißbrett geplant und danach gebaut. ***Bonn*** wurde 1949 Regierungssitz der Bundesrepublik, bestand jedoch schon als historisch gewachsene Stadt. ***St. Petersbur***g wurde ab 1703 nach Plänen von Peter I. als zukünftige Hauptstadt Russlands errichtet. ***Neu-Delhi,*** auf Geheiß Georgs V. als neuer Regierungssitz Britisch-Indiens entstanden, wurde 1931 eingeweiht und löste Kalkutta ab.

6

In den Ländern der einstigen Donaumonarchie gab es für die Städte neben den landessprachlichen meist auch deutsche Namen. Seit 1991 ist das alte Agram, das kroatische Zagreb, Hauptstadt der ***Kroatischen Republik.*** Die Hauptstadt der 1991 entstandenen Republik ***Slowenien,*** Ljubljana, hieß Laibach. Die ***Slowakische Republik*** machte Bratislava, einst Pressburg, zur Hauptstadt.

7

Die Bundeshauptstadt Australiens ist seit 1927 ***Canberra.*** Die Stadt liegt im Landesinneren und hat heute 320 000 Einwohner. Dagegen sind ***Sydney*** mit 4,2 Millionen und ***Melbourne,*** die erste Hauptstadt Australiens, mit 3,6 Millionen Einwohnern wesentlich größer. Aufgrund von Rivalitäten zwischen diesen beiden Städten wurde der Ort Canberra 1908 zur zukünftigen Hauptstadt bestimmt.

8

Brasília ist seit 1960 die Hauptstadt Brasiliens. Um die Bevölkerung, die sich an der Küste konzentriert, besser zu verteilen, wurde eine neue Stadt im Landesinneren geplant, und 1956 begannen die Bauarbeiten. Von 1763 bis 1969 war ***Rio de Janeiro*** Landeshauptstadt und ist noch heute nach ***São Paulo*** das bedeutendste Handels- und Finanzzentrum Brasiliens.

Frage

9

Welche Stadt war die erste Hauptstadt der Vereinigten Staaten von Amerika?

- *New York*
- *Philadelphia*
- *Washington*

10

Wie heißt die Hauptstadt des Staates Elfenbeinküste?

- *Abidjan*
- *Yamoussoukro*
- *Ouagadougou*

11

Wie heißt die Hauptstadt von Albanien?

- *Durrës*
- *Tirana*
- *Podgorica*

12

Wo hat das Parlament Südafrikas seinen Sitz?

- *Kapstadt*
- *Johannesburg*
- *Pretoria*

Antwort

9

Die erste Hauptstadt der Vereinigten Staaten war von 1788 bis 1790 ***New York.*** Der Regierungssitz wurde dann nach ***Philadelphia*** verlegt, wo er übergangsweise bis 1802 bestand. Für einen ständigen Regierungssitz wurde ein Gebiet, das sowohl Teile von Maryland als auch von Virginia einschloss, gewählt. Hier wurde die dritte und heutige Hauptstadt der USA – ***Washington*** – errichtet.

10

1983 ernannte der erste Präsident des Staates Elfenbeinküste, Felix Houphouët-Boigny, seine Geburtsstadt ***Yamoussoukro*** zur Hauptstadt. Hier ließ er 1986 bis 1989 nach dem Vorbild des Petersdoms in Rom die größte Kirche der Welt errichten. Die alte Hauptstadt der Elfenbeinküste war ***Abidjan*** am Golf von Guinea. ***Ouagadougou*** ist die Hauptstadt von Burkina Faso.

11

Albanien ist ein kleines Land, noch kleiner als das Bundesland Brandenburg. ***Tirana*** ist seit 1920 seine Hauptstadt und auch das wirtschaftliche und kulturelle Zentrum des Landes. ***Durrës*** an der Adriaküste ist die wichtigste Hafenstadt und die zweitgrößte Stadt des Landes. ***Podgorica*** liegt ebenfalls auf dem Balkan und ist die Hauptstadt von Montenegro, dem jüngsten Staat der Welt, der erst 2006 seine Selbstständigkeit erklärte.

12

Das Parlament Südafrikas hat seinen ständigen Sitz seit 2004 in ***Kapstadt.*** Da Kapstadt die erste Stadt war, die im heutigen Südafrika gegründet wurde, wird es von den Südafrikanern auch als die „Mutterstadt" bezeichnet. ***Pretoria*** ist Hauptstadt und Regierungssitz Südafrikas. ***Johannesburg*** ist mit über 3 Millionen Einwohnern die größte Stadt Südafrikas.

Frage

13

Wo hat das Europäische Parlament seinen Sitz?

- *Brüssel*
- *Straßburg*
- *Luxemburg*

14

Wie heißt die Hauptstadt des US-Bundesstaates Kalifornien?

- *San Francisco*
- *Los Angeles*
- *Sacramento*

15

Welche Hauptstadt liegt dem Äquator am nächsten?

- *São Tomé*
- *Kampala*
- *Quito*

16

Welches ist die südlichste Hauptstadt der Welt?

- *Auckland*
- *Wellington*
- *Hobart*

Antwort

13

Sitz des Europäischen Parlaments ist ***Straßburg.*** Dort finden zwölf viertägige Plenarsitzungswochen im Jahr statt. 1958 wurde ***Brüssel*** zum Sitz der EWG, der Vorläuferorganisation der heutigen Europäischen Union. Ihre Ausschüsse und Fraktionen tagen in Brüssel, wo zudem kürzere Plenarsitzungen stattfinden. In ***Luxemburg*** haben das Generalsekretariat der Europäischen Union und weitere europäische Institutionen, wie der Gerichtshof, der Rechnungshof oder die Investitionsbank ihren Sitz.

14

Das etwa 450 000 Einwohner zählende ***Sacramento*** ist die Hauptstadt des US-Bundesstaates Kalifornien. Wie ***San Francisco*** erlebte die Stadt ihren Aufschwung mit dem Goldrausch nach 1848. Bereits 1850 wurde Sacramento zur Stadt erklärt und wurde 1854 Hauptstadt Kaliforniens. ***Los Angeles*** ist mit seinen über 3,8 Millionen Einwohnern die größte Stadt des Bundesstaates.

15

Quito in Ecuador liegt 20 km südlich vom Äquator und ist damit die dem Äquator am nächsten gelegene Hauptstadt. Daneben gibt es vier Hauptstädte, die auch sehr nahe am Äquator liegen: ***São Tomé,*** die Hauptstadt des westafrikanischen Inselstaates São Tomé und Príncipe, und die ugandische Hauptstadt ***Kampala*** sind jeweils nur 35 km nördlich vom Äquator entfernt.

16

Wellington ist die Hauptstadt von Neuseeland und die am südlichsten gelegene Hauptstadt der Welt. Sie liegt am Südende der Nordinsel, ist wesentlich kleiner als ***Auckland*** und mit 1,3 Millionen Einwohnern die einzige Großstadt Neuseelands. ***Hobart*** ist der Hauptort Tasmaniens, das politisch zum Australischen Bund gehört.

Frage

17

In welcher Stadt in Südamerika, 4° nördlicher Breite und 53° westlicher Länge gelegen, wird mit Euro bezahlt?

- *Cayenne*
- *George Town*
- *Paramaribo*

18

Wie hieß Japans Hauptstadt früher?

- *Kamakura*
- *Kyoto*
- *Edo*

19

Welcher Ort war die Hauptstadt des alten Inkareichs?

- *Cuzco*
- *Tula*
- *Machu Picchu*

20

Was war das „hunderttorige Theben"?

- *Hauptstadt Oberägyptens im 2. Jahrtausend v. Chr.*
- *Hauptstadt Böotiens*
- *eines der Sieben Weltwunder*

Antwort

17

Der Hauptort von Französisch-Guayana ist **Cayenne**. Die Region an der Atlantikküste Südamerikas gehört zu Frankreich und somit zur EU, und das Zahlungsmittel ist der Euro. ***George Town*** ist die Hauptstadt Guyanas, das zum Commonwealth gehört. Beide Länder grenzen an den unabhängigen Staat Surinam, dessen Hauptstadt ***Paramaribo*** heißt.

18

Das heutige Tokio, die Hauptstadt Japans, hieß bis 1868 **Edo.** Tokio löste als Regierungssitz und militärische Hauptstadt Japans die Kaiserstadt ***Kyoto*** ab, die 794 bis 1868 kaiserliche Residenz war. ***Kamakura*** war 1192 bis 1333 Residenz der Shogune, die anstelle des machtlosen Kaisers die Regierung bis 1867 leiteten. Die Stadt auf Honshu hatte allerdings nicht den Status einer Hauptstadt.

19

Cuzco, eine Stadt im peruanischen Andenhochland, wurde von den Spaniern auf den Resten der ehemaligen Inkahauptstadt erbaut. Nordwestlich von Cuzco liegt ***Machu Picchu,*** eine ehemalige Stadtanlage der Inka, die von den Konquistadoren unentdeckt blieb und erst 1911 gefunden wurde. ***Tula*** war die Hauptstadt der Tolteken und liegt etwa 65 km nordwestlich von Mexiko Stadt.

20

Theben am rechten Nilufer in Ägypten war im 2. Jahrtausend v. Chr. **Hauptstadt Oberägyptens.** Dieses „hunderttorige Theben" Homers ist das heutige Luxor. Das „siebentorige Theben" ist eine mittelgriechische Stadt und war im Altertum die ***Hauptstadt von Böotien,*** die Alexander der Große 335 v. Chr. zerstörte. Die Pyramiden von Giseh sind das einzige erhaltene der ***Sieben Weltwunder*** der Antike.

Frage

21

Welche historische Stadt wurde 2003 und 2004 durch Erdbeben schwer zerstört?

- *Bam*
- *Muzaffarabad*
- *Izmit*

22

Welche 1979 fast völlig von einem Erdbeben zerstörte Stadt an der Adriaküste wurde wieder originalgetreu aufgebaut?

- *Budva*
- *Kotor*
- *Dubrovnik*

23

Wie heißt die 2500 Jahre alte usbekische Oasenstadt an der Seidenstraße, die in der Kysylkumwüste liegt?

- *Alt-Urgentsch*
- *Buchara*
- *Chiwa (Xiva)*

24

In welcher Stadt Deutschlands wurde erstmals eine steinerne Brücke gebaut?

- *Andernach*
- *Trier*
- *Regensburg*

Antwort

21

Bei Erdbeben im Südosten des Iran in den Jahren 2003 und 2004 wurde die historische Stadt ***Bam*** mit ihrer Zitadelle zerstört. Die Zahl der Opfer allein beim ersten Beben wird zwischen 30 000 und 60 000 angegeben. Als die Erde 1999 bei ***Izmit*** am Marmarameer bebte, kamen rund 18 000 Menschen ums Leben. Das Erdbeben der Stärke 7,7 im Jahr 2005 in Kaschmir bei der pakistanischen Stadt ***Muzaffarabad*** war eines der schwersten seit 100 Jahren.

22

Das montenegrinische ***Budva*** ist einer der ältesten Orte an der Adria und wurde 1979 bei einem Erdbeben zerstört, aber originalgetreu wieder aufgebaut. Gleichzeitig wurde ***Kotor*** an der gleichnamigen Adriabucht schwer beschädigt. Auch das kroatische ***Dubrovnik*** wurde 1667 nach einem Erdbeben wieder aufgebaut, ebenso wie nach dessen Beschuss durch serbische Raketen 1991.

23

Die usbekische Stadt ***Chiwa*** (Xiva) ist eine Oase in der mittelasiatischen Sand- und Kieswüste Kysylkum. Bereits im 6. Jahrhundert gegründet, wurde sie eine bedeutende Handelsmetropole an der Seidenstraße. Chiwa gehört zum UNESCO-Weltkulturerbe, wie auch ***Buchara*** oder ***Alt-Urgentsch,*** die turkmenische Stadt am Rande der Wüste Karakum.

24

Die erste steinerne Brücke im einstigen Germanien wurde in ***Trier*** von den Römern 45 n. Chr. über die Mosel gebaut. Bei ***Andernach*** entstand Caesars Rheinbrücke während des Gallischen Krieges im Jahr 55 v. Chr. in nur zehn Tagen, allerdings aus Holz. Berühmt ist die Steinerne Brücke der Stadt ***Regensburg*** über die Donau, die 1135 bis 1146 errichtet wurde.

Städte der Welt

Frage

25

In welcher europäischen Stadt gibt es die meisten Brücken?

- *Hamburg*
- *Amsterdam*
- *Berlin*

26

In welcher Stadt steht der höchste Backsteinkirchturm der Welt?

- *Ulm*
- *Landshut*
- *Köln*

27

Wo in Deutschland wurde ein ganzes Fürstentum als Park gestaltet?

- *Dessau*
- *Muskau*
- *Branitz*

28

In welcher spanischen Stadt entstand eine der größten Moscheen der Welt?

- *Granada*
- *Cordoba*
- *Sevilla*

Antwort

25

Mit mehr als 2500 Brücken hat ***Hamburg*** die meisten Brücken in Europa. Sie überspannen nicht nur die Elbe und die Alster, sondern vor allem die zahlreichen Fleete (Gräben), Flüsschen und Kanäle. In ***Berlin*** gibt es 1660 Brücken; in ***Amsterdam*** zählt man 1280. Weltberühmt ist Venedig für seine Kanäle, doch bringt es die Lagunenstadt auf nur etwa 400 Brücken.

26

Die gotische Martinskirche in ***Landshut*** hat den weltweit höchsten Backsteinkirchturm. Der 130 m hohe Turm wurde 1500 gebaut. Der Kirchturm des Münsters von ***Ulm*** ist mit 161 m der höchste auf der Welt, er wurde allerdings erst 1890 vollendet. Vorbild war der gotische Dombau in ***Köln,*** der mit der Vollendung seiner Türme erst zehn Jahre zuvor fertiggestellt worden war.

27

Fürst Franz von Anhalt-Dessau ließ ab 1764 sein ganzes kleines Fürstentum nahe ***Dessau*** durch Maßnahmen zur Landschaftsverschönerung als einzigen Garten gestalten, in den auch Dörfer, Äcker und Wälder einbezogen wurden. Fürst Pückler ließ ein halbes Jahrhundert später in ***Muskau,*** heute beiderseits der Neißegrenze in Deutschland und Polen gelegen, und danach in ***Branitz*** bei Cottbus riesige Parklandschaften entstehen.

28

In ***Cordoba*** wurde ab 785 eine 23000 m² große Moschee mit 860 Marmorsäulen erbaut. Die Kathedrale von ***Sevilla*** zählt zu einer größten der Welt. Sie entstand an der Stelle einer im 12. Jahrhundert errichteten großen Moschee. Die Alhambra in ***Granada*** ist ein riesiger Palast der maurischen Herrscher in Spanien und gehört zu den schönsten Denkmälern islamischer Baukunst.

Frage

29

Wie heißt der wichtigste Pilgerort der Hindus?

- *Agra*
- *Allahabad*
- *Delhi*

30

Welche europäische Großstadt liegt Tallinn, der Hauptstadt Estlands, am nächsten?

- *Helsinki*
- *Riga*
- *St. Petersburg*

31

Welche dieser Städte der ehemaligen Sowjetunion gehört heute nicht mehr zu Russland?

- *Astrachan*
- *Kaliningrad*
- *Donezk*

32

Zu welchem Staat gehört die nordafrikanische Stadt Ceuta?

- *Marokko*
- *Großbritannien*
- *Spanien*

Antwort

29

Der wichtigste Pilgerort der Hindus ist ***Allahabad*** im indischen Bundesstaat Uttar Pradesh. Am Zusammenfluss von Ganges und der Yamuna vollziehen die Hindus ihr rituelles Bad. In ***Agra,*** am Ufer des Yamuna, steht das Taj Mahal, ein Mausoleum, das Großmogul Shah Jahan in den Jahren 1631 bis 1648 für seine verstorbene Gattin erbauen ließ. In ***Delhi*** wurde Mitte des 17. Jahrhunderts die Jami Masjid Moschee errichtet, die größte Indiens.

30

Helsinki, die Hauptstadt Finnlands, liegt etwa 80 km nördlich von Tallinn, dem ehemaligen Reval. Getrennt sind die beiden Städte durch den Finnischen Meerbusen der Ostsee. Das russische ***St. Petersburg*** und die Hauptstadt Lettlands, ***Riga,*** sind jeweils etwa 250 km von Tallinn entfernt. Alle drei Städte sind Anrainer der Ostsee.

31

Donezk liegt im Osten der Ukraine. Die Millionenstadt ist das Zentrum des Kohlereviers Donbas. ***Astrachan*** gehört zu Russland. Die Stadt im Wolgadelta war ein wichtiger Handelsplatz zwischen Europa und den asiatischen Anrainern des Kaspischen Meeres. ***Kaliningrad,*** das ehemalige ostpreußische Königsberg, ist die Hauptstadt der gleichnamigen russischen Exklave zwischen Polen und Litauen.

32

Ceuta gehört politisch zu ***Spanien,*** liegt aber auf dem afrikanischen Kontinent und gegenüber von Gibraltar, das wiederum zu ***Großbritannien*** gehört. Von ***Marokko*** wird es im Westen durch eine neutrale Zone getrennt. Es ist nicht die einzige spanische Stadt auf dem afrikanischen Kontinent: Auch Melilla an der Mittelmeerküste von Marokko ist eine spanische autonome Stadt.

Frage

33

Welche Stadt im heutigen EU-Gebiet wurde zuletzt geteilt?

- *Nikosia*
- *Berlin*
- *Görlitz*

34

In welcher Stadt befindet sich das Europäische Raumflugkontrollzentrum der ESA?

- *Paris*
- *Darmstadt*
- *Kourou*

35

Bei welcher Stadt nimmt das Nildelta seinen Anfang?

- *Rosette*
- *Kairo*
- *Alexandria*

36

Welche dieser südamerikanischen Hafenstädte liegt nicht am Rio de la Plata?

- *Montevideo*
- *Buenos Aires*
- *Rosario*

Antwort

33

Nikosia, die Hauptstadt der Republik Zypern, wurde 1974 im Zypernkrieg geteilt, Wiedervereinigungsversuche zwischen Zypern und dem türkischen Teil sind bisher gescheitert. Das bis 1990 geteilte ***Berlin*** galt als Symbol der Ost-West-Teilung. Infolge der Grenzfestlegung nach 1945 wurde auch ***Görlitz*** geteilt. Die westliche Hälfte der Stadt ist deutsch, die östliche, jenseits der Lausitzer Neiße, gehört zu Polen.

34

Das Europäische Raumflugkontrollzentrum ESOC hat in ***Darmstadt*** seinen Sitz und ist eines der Operationszentren der 1974 gegründeten Europäischen Weltraumorganisation ESA. Diese hat ihren Hauptsitz in ***Paris.*** In ***Kourou*** im französischen Überseedepartement Französisch-Guayana an der Atlantikküste Südamerikas befindet sich der Weltraumbahnhof der ESA.

35

Das Nildelta beginnt nördlich von ***Kairo.*** Heute gibt es nur noch zwei Mündungsarme: den westlichen Rosette-Arm und den östlichen Damietta-Arm. Sie wurden nach den Städten ***Rosette*** und Damietta benannt. Am Nildelta liegt auch ***Alexandria,*** die zweitgrößte Stadt Ägyptens. Sie wurde von Alexander dem Großen gegründet.

36

Die argentinische Stadt ***Rosario*** mit ihrem großen Binnenhafen liegt am Paraná. Der Fluss mündet mit dem Uruguay in den Mündungstrichter des Rio del la Plata, der etwa 300 km lang und 50 bis 200 km breit ist und sich in den Atlantik ergießt. An der Südseite liegen die großen argentinischen Hafenstädte ***Buenos Aires*** und La Plata. Auf der nördlichen, gegenüberliegenden Uferseite liegt Uruguays Haupt- und Hafenstadt ***Montevideo.***

Frage

37

Welches ist die nördlichste Großstadt der Welt?

- *St. Petersburg*
- *Reykjavik*
- *Norilsk*

38

Welches ist die nördlichste Stadt Grönlands?

- *Nuuk (Gothåb)*
- *Qaanaaq (Thule)*
- *Sisimiut*

39

Welches ist die südlichste bewohnte Siedlung der Erde?

- *Punta Arenas*
- *Villa Las Estrellas*
- *Puerto Toro*

40

Welches ist die südlichste Stadt der EU?

- *Iapetra*
- *Limassol*
- *Valetta*

Antwort

37

Norilsk in Sibirien ist mit 213 000 Einwohnern sicher die am weitesten nördlich gelegene Großstadt. ***St. Petersburg*** ist die nördlichste Millionenstadt und das isländische ***Reykjavik*** die nördlichste Hauptstadt der Welt. Die nördlichste Stadt mit mehr als 50 000 Einwohnern ist das norwegischen Tromsø.

38

Qaanaaq (oder Thule) im Nordwesten Grönlands ist die nördlichste Stadt auf der Insel und liegt etwa 200 km südwestlich des Nordpols. Die meisten der etwa 650 Einwohner stammen aus einer etwa 90 km südlicher gelegenen Siedlung, die 1953 wegen der Errichtung der Thule Air Base komplett umgesiedelt wurde. ***Nuuk*** oder Gothåb ist die Hauptstadt Grönlands. ***Sisimiut*** an der Westküste ist mit 3100 Einwohnern die zweitgrößte Stadt.

39

Der südlichste Siedlungsort der Erde, **Puerto Toro,** liegt auf der chilenischen Insel Navarino. Hier leben 50 Fischerfamilien. Der südlichste, ständig von etwa 88 Menschen bewohnte Ort ist die chilenische Station ***Villa Las Estrellas*** in der Antarktis. Die chilenische Stadt ***Punta Arenas*** hat 100 000 Einwohner und ist sicher die am südlichsten gelegene Großstadt der Welt.

40

Die südlichste Stadt innerhalb der EU ist **Limassol.** Sie ist aber nicht die südlichste Stadt Europas, denn die Insel Zypern gehört geografisch zu Asien und ist kulturell eine Schnittstelle zwischen Europa, Asien und Afrika. Die südlichste Stadt Europas ist ***Iapetra*** auf der griechischen Insel Kreta. ***Valetta*** ist die Hauptstadt von Malta, das ebenfalls EU-Mitgliedsstaat ist. Die Insel liegt nördlicher als Kreta.

Völker und Bevölkerung

Frage

1

Auf welchem Kontinent lebt der größte Teil der Menschen in Städten?

- *Südamerika*
- *Nordamerika*
- *Asien*

2

Wie viel Prozent der Weltbevölkerung werden schätzungsweise im Jahr 2030 in Städten leben?

- *50 %*
- *60 %*
- *38 %*

3

Welches dieser Länder hat die größte Bevölkerungsdichte?

- *Bangladesch*
- *Singapur*
- *Monaco*

4

Welche Menge an Wasser pro Kopf muss einem Menschen zur Verfügung stehen, damit ein Mindestlebensstandard gewährleistet ist?

- *1500 m^3*
- *1000 m^3*
- *3000 m^3*

Antwort

1

Noch zu Beginn des 20. Jahrhunderts lebte nur ein Zehntel der Weltbevölkerung in Städten. Heute ist es etwa die Hälfte der Gesamtbevölkerung. Das hat auch dazu geführt, dass weltweit Megastädte mit riesigen Slums entstanden sind. In ***Südamerika*** leben 80 % der Bevölkerung in Städten. In ***Asien*** sind es 43 %, doch gibt es auf diesem Kontinent die meisten Megastädte. In ***Nordamerika*** sind 77 % der Menschen Stadtbewohner.

2

Der Zuzug von Menschen in große Städte und Ballungsräume hält unvermindert an, sodass 2030 schätzungsweise 5 Milliarden Menschen, d. h. ***60 % der Weltbevölkerung,*** in Städten leben werden. Heute sind es ungefähr 2,9 Milliarden Menschen, das ist etwa die ***Hälfte der Weltbevölkerung.*** In Afrika leben derzeit ***38 % der Menschen*** in Städten. 1950 waren es gerade einmal 17 %.

3

Die weltweit größte Bevölkerungsdichte hat einer der kleinsten Staaten: ***Monaco.*** Hier leben 16 620 Bewohner pro km^2. Das sind mehr als zweieinhalbmal so viele wie in ***Singapur,*** wo 6480 Einwohner pro km^2 leben, es folgt der Vatikanstaat mit 2118 Einwohnern pro km^2, an vierter Stelle liegt ***Bangladesch*** mit 1002 Einwohnern pro km^2.

4

Nach Richtlinien der WHO kann ein Mensch erst ab einer Jahresmenge von ***1000 m^3*** Süßwasser (oder 2740 Liter pro Tag) einen minimalen Lebensstandard wahren. Eingeschlossen ist dabei nicht nur Wasser für Ernährung, Haushalt und Hygiene, sondern auch für Landwirtschaft, Industrie, Verkehr und Energieversorgung. Die USA haben einen Wasserverbrauch von ***3000 m^3*** pro Kopf, die meisten Industrieländer liegen bei ***1500 m^3.***

Frage

5

Wie viele der 6,1 Milliarden Menschen auf der Erde haben keinen Zugang zu frischem Trinkwasser?

- *2,4 Milliarden*
- *1,1 Milliarden*
- *3 Milliarden*

6

Woher kommen heute die meisten Einwanderer Kanadas?

- *Europa*
- *Lateinamerika*
- *Fernost*

7

In welchem Gebiet Russlands siedelten sich die ersten deutschen Auswanderer an?

- *Wolgagebiet*
- *Kasachstan*
- *Krim*

8

Wo leben seit 1948 prozentual die meisten palästinensischen Flüchtlinge?

- *Westjordanland*
- *Gazastreifen*
- *Libanon*

Antwort

5

Nach Schätzungen der WHO sind heute ***1,1 Milliarden*** Menschen nicht ausreichend mit Trinkwasser versorgt. ***3 Milliarden*** Menschen leiden an Krankheiten, die durch zu wenig oder verschmutztes Wasser bedingt sind, und ***2,4 Milliarden*** Menschen leben ohne ausreichende sanitäre Anlagen.

6

Die meisten Einwanderer Kanadas kommen heute aus ***Fernost,*** besonders aus der Volksrepublik China. Noch in den 1960er-Jahren kamen die meisten Einwanderer aus ***Europa.*** Auch in den USA sind die meisten Einwanderer nicht mehr Europäer. Mehr als die Hälfte ihrer Einwanderer stammen heute aus ***Lateinamerika,*** vor allem aus Mexiko.

7

Dem Ruf der Zarin Katharina II. von 1763 folgten viele Deutsche, vor allem aus Südwestdeutschland, und siedelten sich als freie Bauern in Russland an der unteren ***Wolga*** an. 1783 erfolgte auf der ***Krim*** eine gezielte Ansiedlung von Deutschen. Nach 1941 wurden alle deutschen Siedler aus dem europäischen Teil Russlands nach Osten, nach ***Kasachstan,*** in den Ural und nach Sibirien umgesiedelt.

8

Etwa 60 % der Bewohner des ***Gazastreifens*** sind während des Palästinakriegs aus Israel in dieses Gebiet geflohen, das heute eine der ärmsten und mit etwa 1,4 Millionen Menschen eine der am dichtesten besiedelten Regionen der Welt ist. Hier leben prozentual die meisten palästinensischen Flüchtlinge und deren Nachkommen. Im ***Westjordanland*** sind etwa 30 % der arabischen Bevölkerung Flüchtlinge aus Israel. Im ***Libanon*** leben ungefähr 360 0000 Palästinenser als Flüchtlinge in Lagern.

Frage

9

Welches Land nahm nach 1685 die meisten aus Frankreich vertriebenen Hugenotten auf?

- *Württemberg*
- *Brandenburg-Preußen*
- *Südafrika*

10

Welches Land hat für seine gesamte Bevölkerung vorsorglich Asyl in Neuseeland beantragt?

- *Malediven*
- *Tuvalu*
- *Marshallinseln*

11

Welches Volk lebte in der Antike auf der westlichen Balkanhalbinsel?

- *Ionier*
- *Illyrer*
- *Thraker*

12

Wo lag ursprünglich das Hauptrückzugsgebiet der Kosaken?

- *Dnjepr*
- *Don*
- *Ural*

Antwort

9

Hugenotten wurden die wegen ihres Glaubens verfolgten französischen Kalvinisten genannt. Im Jahr 1685 flohen 44000 bis 50000 Hugenotten nach Deutschland. Die Mehrzahl ließen sich in ***Brandenburg-Preußen*** nieder. Kleinere Gruppen fanden in anderen Teilen Deutschlands Aufnahme, z.B. in ***Württemberg.*** 1687 landeten die ersten Hugenotten-Flüchtlinge an der ***Südspitze Afrikas.***

10

Infolge der Erderwärmung steigt der Pegel der Weltmeere, und tief gelegenen Gebieten drohen Überflutungen. Die Regierung der kleinen Südseeinsel ***Tuvalu*** hat deshalb vorsorglich für ihre etwa 12000 Bewohner Asyl in Neuseeland beantragt, für den Fall, dass ihr Territorium völlig überflutet wird. Dies ist durchaus wahrscheinlich und wird ebenso für die ***Malediven*** im Indischen Ozean oder die ***Marshallinseln*** befürchtet.

11

Die westliche Balkanhalbinsel war das Siedlungsgebiet der ***Illyrer.*** In griechischer Zeit galten sie als das Volk der östlichen Adriaküste. Die ***Thraker*** lebten auf dem östlichen Teil der Balkanhalbinsel in einem Gebiet, das heute zu Bulgarien, Griechenland und dem europäischen Teil der Türkei gehört. Die ***Ionier*** waren ein griechischer Stamm, der ursprünglich in Mittelgriechenland angesiedelt war.

12

Die Kosaken waren geflohene leibeigene Bauern sowie desertierte Tataren, die sich seit dem 15. Jahrhundert in die Steppen am ***Don*** zurückzogen. Bis in das 18. Jahrhundert waren sie vom Zaren unabhängig. Später teilten sie sich in Gruppen auf. Eine davon, die Saporogen, besiedelte Gebiete am mittleren ***Dnjepr*** in der heutigen Ukraine. Von dort aus zog auch eine Gruppe in den ***Ural.***

Frage

13

Welcher Nationalität gehört die zweitstärkste Bevölkerungsgruppe Spitzbergens an?

- *US-amerikanische*
- *niederländische*
- *russische*

14

Wo entdeckte man einen unserer fernen Vorfahren, den Neandertaler?

- *Kroatien*
- *Düsseldorf*
- *Ostafrikanischer Graben*

15

Wie hieß die Urbevölkerung eines australischen Gebiets, die heute eigentlich nicht mehr existiert?

- *Aborigines*
- *Tasmanier*
- *Maori*

16

Welche nahe am Nordpol lebenden Völker betreiben traditionell keine Rentierzucht?

- *Nenzen*
- *Tschuktschen*
- *Inuit*

Antwort

13

Neben Norwegern leben auf der dünn besiedelten norwegischen Insel Spitzbergen vorwiegend ***Russen.*** Die Ausbeutung der Kohlevorkommen regelte man 1920 für 39 Staaten, doch nur Norwegen und Russland machen davon Gebrauch. Auf der 1596 von einem ***Holländer*** entdeckten Insel gibt es seit 1906 die Bergbausiedlung Longyearbyen, die von einem ***US-Amerikaner*** gegründet wurde.

14

Im Neandertal bei ***Düsseldorf*** wurden etwa 42000 Jahre alte Schädelreste eines ausgestorbenen Vorfahren des heutigen Menschen gefunden. Nach dem Fundort wurde die Spezies Neandertaler genannt. Sehr alte Funde von Neandertalern stammen aus ***Kroatien.*** Die Wiege der Menschheit liegt in Afrika, im Gebiet des ***Ostafrikanischen Grabens.***

15

Das Volk der ***Tasmanier*** wurde durch die weißen Einwanderer vernichtet. Die heutigen Tasmanier sind sämtlich Mischlinge von Tasmaniern und Europäern. Die ***Aborigines*** sind die Ureinwohner des Kontinents Australien. Heute leben die meisten Aboriginal People in einem Kompromiss zwischen ihrem traditionellen und dem westlichen Lebensstil. In einer ähnlichen Situation lebt die Urbevölkerung Neuseelands, die ***Maori.***

16

Die ***Inuit*** im arktischen Zentral- und Nordostkanada sowie in Grönland gehörten traditionell zu einer Nomadenkultur, die von der Jagd auf Meeressäuger lebte. Heute sind sie sesshaft geworden. Die ***Nenzen*** im Norden Russlands leben noch heute als Nomaden von der Rentierzucht. Die ***Tschuktschen*** im äußersten Nordosten Sibiriens halten ebenfalls große Rentierherden.

Frage

17

Welches ist die größte Bevölkerungsgruppe in Paraguay?

- *Mestizen*
- *Guaraní-Indianer*
- *Mennoniten*

18

Welches ist die zweitstärkste Bevölkerungsgruppe Algeriens?

- *Araber*
- *Berber*
- *Kabylen*

19

Welche dieser Volksgruppen ist keine ethnische Minderheit?

- *Pavee*
- *Friesen*
- *Donauschwaben*

20

Welcher afrikanische Volksstamm lebt in der Kalahari?

- *Bantu*
- *Buschleute*
- *Pygmäen*

Antwort

17

Die ***Mestizen*** sind die größte Bevölkerungsgruppe in Paraguay. Es sind Nachfahren der im 16. bis zum 18. Jahrhundert aus den Verbindungen von ***Guaraní-Indianern*** mit spanischen Einwanderern hervorgegangenen Einwohner. In Paraguay ließen sich auch deutsche Auswanderer, unter ihnen viele ***Mennoniten,*** nieder. Sie sprechen noch heute einen plattdeutschen Dialekt.

18

Von den 32,6 Millionen Einwohnern Algeriens sind die ***Berber*** die zweitstärkste Bevölkerungsgruppe. Ihr Anteil an der Gesamtbevölkerung beträgt 20 %. Den größten Teil der Bevölkerung bilden heute ***Araber.*** Unter den Berbern bilden die ***Kabylen,*** die als sesshafte Bauern in der Kabylei leben, mit etwa 3 Millionen die Mehrheit.

19

Die ***Donauschwaben*** sind keine ethnische Minderheit, sondern eine Sammelbezeichnung für Deutsche, die sich im südlichen Donauraum angesiedelt haben. Schon seit ihrer Ankunft wurden sie „Schwaben" genannt. Die ***Friesen*** sind ein germanischer Volksstamm, der an der Nordseeküste lebt und heute eine anerkannte ethnische Minderheit ist. Die ***Pavee,*** oder Tinker, sind eine nomadisch lebende Minderheit in Irland mit irisch-keltischen Wurzeln.

20

Die ***Buschleute*** (englisch: bushmen) sind kleinwüchsige Menschen eines Jäger- und Sammlervolks und leben heute in der Kalahari. Von den nach Süden vorrückenden ***Bantu*** und weißen Siedlern wurden sie aus ihren traditionellen Gebieten in Namibia, Botswana und Angola in diese unwirtliche Trockensteppe zurückgedrängt. Die ***Pygmäen*** leben als Jäger und Sammler in den tropischen Regenwaldgebieten Zentralafrikas.

Völker und Bevölkerung

Frage

21

Welches ist die meistgesprochene Sprache der Welt?

- *Englisch*
- *Hochchinesisch*
- *Spanisch*

22

Wie viele Sprachen sind in der Schweiz amtlich anerkannt?

- *fünf*
- *vier*
- *drei*

23

In welcher kanadischen Stadt sprechen am meisten Menschen Französisch?

- *Ottawa*
- *Montreal*
- *Québec*

24

Welche dieser Sprachen gehört zur slawischen Sprachfamilie?

- *Estnisch*
- *Sorbisch*
- *Rumänisch*

Antwort

21

Hochchinesisch wird von den meisten Menschen der Welt gesprochen, denn China hat mit etwa 1,3 Milliarden die meisten Einwohner. ***Englisch*** wird in vielen Ländern aller Kontinente gesprochen und ist heute die am weitesten verbreitete Sprache der Welt, steht aber als meistgesprochene Muttersprache an zweiter Stelle. Das in Indien gesprochene Hindi folgt auf Platz drei, und ***Spanisch*** steht an vierter Stelle.

22

Laut Bundesverfassung sind die ***vier*** amtlich anerkannten Landessprachen der Schweiz Deutsch, Französisch, Italienisch und Rätoromanisch. Die ***drei*** Amtssprachen des Bundes sind Deutsch, Italienisch und Französisch, in Ausnahmen auch Rätoromanisch. Im Kanton Zürich ist zudem die Gebärdensprache als ***fünfte*** Amtssprache in der Verfassung verankert.

23

In ***Montreal*** leben die meisten französisch sprechenden Einwohner Kanadas. Es ist die größte Stadt der Provinz Québec, der größten Provinz des Staates und jener mit dem größten frankofonen Bevölkerungsanteil. Ihre Hauptstadt heißt ebenfalls ***Québec***. In der Hauptstadt Kanadas, ***Ottawa***, sind die beiden Amtssprachen Englisch und Französisch verbreitet.

24

Slawische Sprachen werden in den meisten Ländern Osteuropas gesprochen. In Deutschland gehört ***Sorbisch,*** das noch von den in der Lausitz lebenden Sorben gesprochen wird, zur slawischen Sprachfamilie. ***Estnisch*** ist eine finnougrische Sprache und mit dem Finnischen verwandt. ***Rumänisch*** ist eine romanische Sprache der indogermanischen Sprachfamilie.

Frage

25

Welche Sprache wird in Frankreich außer dem Französischen noch gesprochen?

- *Baskisch*
- *Gälisch*
- *Rätoromanisch*

26

Welche ist die Landessprache auf den Kapverdischen Inseln?

- *Kreolo*
- *Portugiesisch*
- *Französisch*

27

Welche ist die größte Religionsgemeinschaft der Welt?

- *Islam*
- *Christentum*
- *Buddhismus*

28

In welchem dieser Staaten gibt es keine Staatsreligion?

- *Nepal*
- *Pakistan*
- *Mauretanien*

Antwort

25

Baskisch ist eine eigene Sprache, die mit keiner der bekannten Sprachfamilien verwandt ist. Sie wird nur im Baskenland, in der Grenzregion zwischen Frankreich und Spanien gesprochen. ***Rätoromanisch*** ist eine romanische Sprache, die in der Schweiz nur im Kanton Graubünden gesprochen wird. ***Gälisch*** gehört zur keltischen Sprachfamilie und wird noch in Varianten in Irland, Schottland und auf der Isle of Man gesprochen.

26

Von den zehn Kapverdischen Inseln mitten im Atlantik sind neun bewohnt. Die Landessprache ist ***Kreolo,*** eine Sprache, die in vielen Varianten aus afrikanischen Dialekten der ehemaligen Sklaven und Elementen romanischer Sprachen entstanden ist. Die Amtssprache ist ***Portugiesisch,*** denn die Inseln waren bis 1975 portugiesische Kolonie. In der Schule wird außerdem ***Französisch*** gelehrt.

27

Das ***Christentum*** ist die größte Religionsgemeinschaft der Welt. Ihr gehören rund 2,1 Milliarden Menschen an. Zum ***Islam*** bekennen sich heute etwa 1,3 Milliarden Menschen. Auf der Welt gibt es heute rund 375 Millionen Buddhisten. Was seine Verbreitung betrifft, liegt der ***Buddhismus*** nach dem Hinduismus (850 Millionen) an vierter Stelle.

28

In ***Nepal*** wurde erst 2006 der Säkularismus durchgesetzt. Bis dahin war es das einzige Land, in dem der Hinduismus, zu dem sich etwa 80% der Bevölkerung bekennen, Staatsreligion war. Dagegen ist der Islam in vielen Staaten Afrikas und Asiens Staatsreligion, so in ***Pakistan,*** in ***Mauretanien*** oder auf den Komoren.

Frage

1

In welcher Schicht der Atmosphäre spielen sich hauptsächlich die Wettervorgänge ab?

- *Lithosphäre*
- *Thermosphäre*
- *Troposphäre*

2

Wie nennt man Luftmassen mit höherem Druck als benachbarte Luftmassen?

- *Antizyklone*
- *Divergenz*
- *Azorenhoch*

3

Was bringt in der Regel wechselhaftes, schlechtes Wetter nach Europa?

- *Hochdruckgebiet*
- *Tiefdruckgebiet*
- *Föhnwind*

4

Bei welcher Art von Wetterleuchten sind Niederschläge und eine Wetterverschlechterung zu erwarten?

- *Wetterleuchten am östlichen und nordöstlichen Himmel*
- *Wetterleuchten am westlichen und südwestlichen Himmel*
- *Wetterleuchten während sommerlicher Hochdrucklagen*

Antwort

1

Die ***Troposphäre*** ist die unterste Schicht der Atmosphäre. In diesem Bereich laufen hauptsächlich die Wettervorgänge ab. Die ***Thermosphäre*** reicht bis 450 km Höhe und geht in die Exosphäre über, wo der Stoffaustausch mit dem interplanetaren Raum stattfindet. Die ***Lithosphäre*** ist die oberste Schicht der Erdoberfläche. Sie reicht in 100 bis 300 km Tiefe und setzt sich aus mehreren Platten zusammen.

2

Als Hochdruckgebiet oder ***Antizyklone*** bezeichnet man Gebiete, die horizontal durch einen höheren Luftdruck als die umgebenden Luftdruckmassen gekennzeichnet sind. Großen Einfluss auf das Wetter Mitteleuropas hat das dynamische ***Azorenhoch.*** Als ***Divergenz*** bezeichnen Meteorologen das nach unten gerichtete Auseinanderströmen der Luft aus einem Hochdruckgebiet, bei dem sich Wolken auflösen, was zu schönem Wetter führt.

3

Wenn kalte und warme Luft aus je einem Hochdruckgebiet gemeinsam in ein ***Tiefdruckgebiet*** strömen, bilden sich Fronten, die Regen bringen. Ein ***Hoch*** ist ein Gebiet mit hohem Luftdruck, der wolkenauflösende Wirkung hat und meist schönes Wetter nach sich zieht. Der ***Föhnwind*** ist ein warmer Fallwind an der Alpennordseite, bei dem sich die Temperaturen rasch um 10 bis 15 °C erhöhen.

4

Wetterleuchten sind in der Nacht sichtbare, weit entfernte Gewitterblitze. Ist es am ***westlichen und südwestlichen Himmel*** zu sehen, ist mit Niederschlägen zu rechnen. Erscheint es aber am ***östlichen und nordöstlichen Himmel*** oder im Sommer während einer ***Hochdrucklage,*** ist keine Wetterverschlechterung zu befürchten.

Frage

5

Durch die Beobachtung der Wolken kann auch der Laie Wetterprognosen aufstellen. Welche Wolkenart spricht für den Erhalt von Schönwetterlagen?

- *kleine Haufenwolken*
- *Schichtwolken*
- *Cumulonimbus*

6

Wie nennt man den Kälteeinbruch, der in der Regel in der ersten Junihälfte auftritt?

- *Schafskälte*
- *Eisheilige*
- *Hundstage*

7

Wie nennt man die regenzugewandte Seite eines Gebirges?

- *Wetterscheide*
- *Luv*
- *Lee*

8

Wer trug mit einer Erfindung maßgeblich zur Wetterbeobachtung bei?

- *Otto von Guericke*
- *Johann Wolfgang von Goethe*
- *Evangelista Torricelli*

Antwort

5

Kleine flache Haufenwolken, die sich im Laufe des Vormittags auflösen, weisen darauf hin, dass eine Schönwetterlage weiter anhält. Verdichten sich Federwolken zu hohen ***Schichtwolken,*** ist mit Niederschlägen zu rechnen. ***Cumulonimbus*** ist eine mächtig aufgeblähte Haufenwolke und verheißt Niederschlag als Regen, Hagel oder Schnee und oft Gewitter.

6

Regelmäßig wiederkehrende Wetterlagen sind oft volkstümlich überliefert. Die ***Schafskälte,*** ein Kälteeinbruch, der Anfang Juni regnerisches Wetter bringt, tritt mit einer Wahrscheinlichkeit von 89 % ein. Kaltwettereinbrüche, die regelmäßig in der ersten Maihälfte auftreten, heißen ***Eisheilige,*** während die ***Hundstage*** im August die heißesten Tage des Jahres sind.

7

In der Meteorologie bezeichnet ***Luv*** die vom Wind angeströmte Seite eines topografischen Hindernisses, wie ein Hochgebirge, an dem sich Wolken stauen. Sie können das Hindernis nicht überwinden und regnen sich an einer Seite, der Luv-Seite ab. Die Seite dahinter, die ***Lee-Seite,*** bleibt dabei meist trocken. Das Gebirge bildet die ***Wetterscheide.***

8

Evangelista Torricelli erfand 1643 das Quecksilberbarometer und beobachtete die Veränderung des Luftdrucks, was für die Meteorologie von grundlegender Bedeutung ist. ***Otto von Guericke*** konnte 1663 mit seinem Experiment mit den Magdeburger Halbkugeln die Kraft des Luftdrucks demonstrieren. Als ***Goethe***-Barometer wird eine Art Flüssigkeitsbarometer bezeichnet, das Goethe in seinem Besitz, jedoch nicht erfunden hatte.

Frage

9

Welche Einheit gilt für die Messung des Luftdrucks?

- *Bar*
- *Hektopascal*
- *Torr*

10

Mit welchem Gerät wird bei der Wetterbeobachtung die Wolkenhöhe gemessen?

- *Ceilometer*
- *Anemometer*
- *Psychrometer*

11

Was bezeichnet der Begriff El Niño?

- *Dürre*
- *Klimaanomalie*
- *Flutwelle*

12

Wie wird ein Klima genannt, bei dem mehr Niederschlag fällt als verdunstet?

- *nivales Klima*
- *humides Klima*
- *arides Klima*

Antwort

9

Der Luftdruck wird in ***Hektopascal*** (hPa; 1 hPa = 102 Pa) angegeben. Der mittlere Luftdruck der Atmosphäre auf Meereshöhe beträgt 1013,25 hPa. ***Torr*** ist eine veraltete Einheit für den Druck. ***Bar*** ist eine ebenfalls veraltete, aber noch gebräuchliche Einheit für den Druck (1 bar = 103 Pa).

10

Bei der Wetterbeobachtung dient das ***Ceilometer*** zur Messung der Höhe der Wolkenuntergrenze. Das zugrunde liegende Messprinzip ist die impulsoptische Höhenmessung. Mit dem ***Anemometer*** wird die Windgeschwindigkeit gemessen. Das ***Psychrometer*** bestimmt die relative Luftfeuchte anhand der Verdunstungskälte.

11

El Niño bezeichnet eine periodisch um die Weihnachtszeit auftretende ***Klimaanomalie.*** Ursache sind Luftdruckschwankungen zwischen östlichem und westlichem Pazifik. Damit wird der kalte Humboldtstrom von der Westküste Südamerikas nach Osten abgelenkt und es fließt warmes Meerwasser ein. Die Folge sind Stürme, ***Flutwellen,*** Regengüsse sowie ***Dürren*** in Gebieten des Westpazifiks.

12

Übersteigt die Niederschlagsmenge die Verdunstungskapazität, wird von einem ***humiden Klima*** gesprochen, wie es besonders in den tropischen Regenwaldzonen ausgeprägt ist. Im Gegensatz dazu ist ein ***arides Klima*** ein Trockenklima, bei dem die Verdunstung größer ist als die Niederschlagsmenge. Es ist das typische Wüstenklima. In einem ***nivalen Klima*** fallen die Niederschläge überwiegend als Schnee, und zwar mehr als abschmilzt. Es kommt so zur Gletscherbildung in Hochgebirgszonen und an den Polen.

Frage

13

Welches dieser europäischen Gebiete hat die am niedrigsten gelegene Schneegrenze?

- *Zentralalpen*
- *Skandinavien*
- *Spitzbergen*

14

Wo vernichteten „Schwarze Blizzards" genannte Staubstürme zwischen 1931 und 1934 etwa 14 Millionen Hektar Ackerland?

- *Sahelzone*
- *USA*
- *Südspanien*

15

In welchem Gebiet der Erde ist die Bevölkerung bereits heute vom Klimawandel schwer betroffen?

- *Alpen*
- *Niederlande*
- *Bangladesch*

16

Was ist ein alarmierendes Zeichen der Klimaveränderung in der Arktis?

- *heftige Niederschläge*
- *Veränderung von Meeresströmungen*
- *Rückzug der Eismassen*

Antwort

13

Die Schneegrenze markiert die Linie zwischen schneebedeckten und schneefreien Gebieten und hängt von der Höhenlage, der geografischen Breite und den klimatischen Bedingungen ab. Auf ***Spitzbergen*** liegt sie gerade einmal bei 300 m, wesentlich niedriger als im übrigen ***Skandinavien,*** wo sie bei 1300 m liegt. Dagegen liegt die Schneegrenze in den ***Zentralalpen*** auf 2900 m Höhe.

14

In einer Dürrezeit fegten im Mittleren Westen der ***USA*** Staubstürme, „Schwarze Blizzards", den Mutterboden ganzer Äcker davon. Durch Erosion, Verwehung, Versalzung oder Bodenübernutzung droht etwa $^1/_3$ aller Ackerböden die Verödung oder Desertifikation. Dies betrifft Bereiche aller Kontinente, so auch ***Südspanien,*** die ***Sahelzone,*** Gebiete in Australien, Südasien oder Südamerika.

15

Dramatisch sind die Auswirkungen des Klimawandels jetzt schon für die Menschen ärmerer Länder auf der Südhalbkugel. So werden z. B. die dicht bevölkerten Deltagebiete in ***Bangladesch*** immer öfter von Überschwemmungen heimgesucht. In Nordamerika und Europa, z. B. in den ***Niederlanden,*** schützt man sich durch aufwendige Hochwasserschutzbauten. In den ***Alpen*** beobachtet man ein rapides Abschmelzen der Gletscher und milde Winter.

16

In der Antarktis wird ein massiver ***Rückzug der Eismassen*** beobachtet. Das Schmelzwasser lässt den Meeresspiegel ansteigen, die gewaltigen Mengen an Süßwasser können die ***Meeresströmungen*** beeinflussen. Infolge der Erderwärmung verdunstet über den Ozeanen mehr Wasser, was zu lang anhaltenden heftigen ***Niederschlägen*** und Überschwemmungen in vielen Gebieten führt.

Frage

17

Wodurch wird der Klimawandel nicht beeinflusst?

- *Abholzung*
- *Siedlungsbau*
- *Mond*

18

Welches dieser Gase, die in die Atmosphäre gelangen, ist kein sogenanntes Treibhausgas?

- *Methan*
- *CO_2*
- *Schwefeldioxid*

19

Wie nennt man den warmen, aus der Sahara kommenden Wind in Kroatien?

- *Leveche*
- *Jugo*
- *Bora*

20

Wie nennt man den tropischen Wirbelsturm, der sich im Indischen Ozean entwickelt?

- *Zyklon*
- *Taifun*
- *Tornado*

Antwort

17

Wie kosmische Erscheinungen das Klima beeinflussen, ist nicht geklärt; sicher ist aber, dass der ***Mond*** Klimaschwankungen der Erde verhindert, indem er die Erdachse stabilisiert. Der Mensch trägt durch das ***Abholzen*** von Wäldern oder zunehmenden ***Siedlungsbau*** zu lokalen Klimaveränderungen bei.

18

Schwefeldioxid, das durch die Industrie und im Verkehr freigesetzt wird, ist kein Treibhausgas, wirkt aber schädlich auf die Umwelt. Es ist für den sogenannten sauren Regen verantwortlich, der die Wälder schädigt. Die Zunahme bestimmter Treibhausgase, vor allem ***CO_2*** und ***Methan,*** und die dadurch verursachte Erderwärmung wird auf menschliche Aktivitäten zurückgeführt.

19

Der warme Südwind wird in Kroatien ***Jugo*** genannt. Er entsteht durch die Temperaturdifferenz zwischen kühlen Tiefdruckgebieten in Nordafrika und der heißen Luft über der Sahara. In Spanien heißt dieser Wind ***Leveche,*** in Italien wird er Scirocco genannt. Der kalte, plötzlich auftretende Fallwind an der kroatischen Küste heißt ***Bora.*** Er entsteht über dem Binnenland und fällt aus Nordosten mit voller Stärke auf das Meer.

20

Zyklon nennt man einen tropischen Wirbelsturm, der sich vor allem in den Sommermonaten über dem Indischen Ozean entwickelt und häufig den Golf von Bengalen heimsucht. ***Taifune*** sind Wirbelstürme, die im nordwestlichen Pazifik entstehen. ***Tornados*** sind fast senkrecht stehende Luftwirbel in der Erdatmosphäre, die vor allem in der warmen Jahreshälfte entstehen und gehäuft in Nordamerika und Australien auftreten.

Frage

21

Wie hieß der Tornado, der im August 2005 im Süden der USA verheerende Zerstörungen angerichtet hat?

- *Andrew*
- *Mitch*
- *Katrina*

22

Wie heißt ein tropischer Wirbelsturm in Australien?

- *Samum*
- *Willy-Willy*
- *Elvegust*

23

Welche Winde sind für das Leben in Indien von elementarer Bedeutung?

- *Sommermonsun*
- *Wintermonsun*
- *Kusi*

24

Wie heißt der Meeresstrom, der von kaltem antarktischem Wasser im Südpazifik gespeist wird?

- *Humboldtstrom*
- *Golfstrom*
- *Sankt-Lorenz-Strom*

Antwort

21

Der Tornado ***Katrina*** verursachte 2005 in der Golfregion der USA, besonders in New Orleans, schwerste Zerstörungen. Es war die bis dahin größte Naturkatastrophe in den USA. Zuvor war das Jahr 1992 durch den Hurrikan ***Andrew,*** der in Florida wütete, in die Katastrophengeschichte der USA eingegangen. Im Jahr 1998 forderte der Hurrikan ***Mitch*** in Mittelamerika etwa 10000 Opfer.

22

Ein über dem tropischen Meer entstehender Wirbelsturm wird in Australien ***Willy-Willy*** genannt. Ein solcher wütete im Januar 1998 im Bundesstaat Queensland. ***Elvegust,*** auch Sno, nennt man die kalten, oft starken Fallböen, die im Innern der norwegischen Fjorde auftreten. ***Samum*** (arabisch: Giftwind) ist die lokale Bezeichnung für einen Sandsturm in der nordafrikanisch-arabischen Wüste.

23

Der ***Sommermonsun*** bedeutet für Indien Regen und hohe Luftfeuchtigkeit. Er ist für die Landwirtschaft von größter Bedeutung. Bleibt er aus, kann es zu Dürren kommen, ist er zu stark, sind Überschwemmungen die Folge. Die ***Wintermonsune*** sind dagegen trocken. Der ***Kusi*** ist ein starker, aus Südosten kommender Monsunwind, der in Ostafrika von März bis November für starke Regenfälle sorgt.

24

Der von kaltem Wasser aus der Antarktis gespeiste Meeresstrom an der Südpazifikküste Südamerikas ist der ***Humboldtstrom.*** Im Westen Südamerikas lässt er die Luft abkühlen. Daher sind die Küstenbereiche hier niederschlagsarme Wüstengebiete. Der ***Stankt-Lorenz-Strom*** führt auch kaltes Meereswasser mit sich und strömt im Nordatlantik nach Süden. Der ***Golfstrom*** bringt warmes Meereswasser des Atlantiks nach Nord- und Westeuropa.

Frage

25

Woher kommt der Labradorstrom?

- *Neufundlandbänke*
- *Labradorsee*
- *Nordpolarmeer*

26

Wo entsteht der Golfstrom?

- *vor den Bahamas*
- *im Golf von Florida*
- *an der Küste Nordamerikas*

27

Was bezeichnet man als Tidenhub?

- *Hochwasser*
- *Wert zwischen Hoch- und Niedrigwasser der Gezeiten*
- *Energie der Gezeiten*

28

Wie nennt man den höchsten Gezeitenhub eines Monats?

- *Springflut*
- *Sturmflut*
- *Flutstrom*

Antwort

25

Der Labradorstrom führt kaltes Meereswasser aus dem ***Nordpolarmeer*** in den Nordatlantik, und zwar in die ***Labradorsee.*** Bei den ***Neufundlandbänken*** trifft er auf den Golfstrom und lenkt diesen nach Osten. Somit ist er indirekt auch für das milde Klima in Europa verantwortlich.

26

Der Golfstrom entsteht aus der Vereinigung des Floridastroms und des Antillenstroms nördlich der ***Bahamas.*** Warmes Atlantikwasser kommt zunächst aus dem ***Golf von Florida*** und fließt als Floridastrom in Richtung Bahamas. Nördlich dieser Inselgruppe vereinigt er sich mit dem warmen Antillenstrom, strömt weiter entlang der ***Küste Nordamerikas,*** schwenkt in Höhe des nordamerikanischen Beckens nach Osten in den offenen Atlantik und nimmt dort seinen Weg nach Nord- und Westeuropa.

27

Die Gezeiten werden auch Tide genannt. Den durchschnittlichen ***Wert zwischen Hoch- und Niedrigwasser*** nennt man Tidenhub. Der bei Flut steigende Wasserspiegel vom Niedrigwasser zum Hochstand heißt ***Hochwasser,*** bei Ebbe fällt er wieder. Die ***Energie der Gezeiten*** wird von Gezeitenkraftwerken genutzt.

28

Wenn Sonne und Mond auf einer Geraden stehen, also bei Voll- und Neumond, addieren sich ihre Gravitationskräfte und bewirken einen großen Gezeitenhub, der ***Springflut*** genannt wird. Der Gezeitenwechsel zeigt sich auf offener See in einer Drehung der Stromrichtung, was bei steigendem Wasser ***Flutstrom*** genannt wird. Von einer ***Sturmflut*** wird gesprochen, wenn durch starke auflandige Winde der Gezeitenhöchststand das mittlere Gezeitenhochwasser um 1,5 m oder mehr übersteigt.

Frage

29

Was beeinflusst die Gezeitenkräfte am stärksten?

- *Stellung der Erde zur Sonne*
- *Stellung der Erde zum Mond*
- *Jahreszeiten*

30

Worauf haben die Gezeiten keinen Einfluss?

- *Klima*
- *Erdoberfläche*
- *Meeresspiegel*

31

Wie heißt der Austritt von heißen vulkanischen Gasen und Dampf, z. B. auf der Insel Vulcano?

- *Raucher*
- *Mofette*
- *Fumarole*

32

Wo gibt es die meisten Geysire?

- *Island*
- *USA*
- *Kamtschatka*

Antwort

29

Die Gezeiten, die sich am auffälligsten in Schwankungen des Meeresspiegels in Gestalt von Ebbe und Flut manifestieren, werden durch die Gravitationskräfte zwischen der Erde und den Gestirnen, besonders des am nächsten gelegenen ***Mondes,*** verursacht. Die Wirkung der ***Sonne*** ist auf die Gezeiten nur etwa halb so stark wie die des Mondes. Die Gezeitenkräfte sind von den ***Jahreszeiten*** also nicht direkt abhängig.

30

Die Gezeiten haben keinen Einfluss auf das ***Klima*** der Erde, bewirken aber mehr oder weniger eine rhythmische Massebewegung aller Körper auf unserem Planeten. So kommt es in etwa 12- bis 13-stündigen Perioden zu Niveauschwankungen der ***Erdoberfläche,*** des ***Meeresspiegels*** und des Luftdrucks.

31

Auf der Insel Vulcano treten aus dem Krater heiße vulkanische Gase und Wasserdampf aus. Man nennt diese Exhalationen ***Fumarolen.*** Ihre Zusammensetzung und Temperatur geben Auskunft über die Aktivität des Vulkans. ***Mofetten*** nennt man die kohlendioxidhaltigen Quellen in passiven vulkanischen Gebieten, so z. B. in der Eifel. ***Raucher*** sind hydrothermische Quellen in der Tiefsee, bei denen aus schornsteinartigen Röhren heiße Sedimentwolken austreten.

32

Geysire nennt man jene heißen Quellen in jungvulkanischen Gebieten, die hohe Wasserfontänen ausspeien. Die meisten von ihnen gibt es in den ***USA,*** im Yellowstone Nationalpark, wo über 500 gezählt werden. Auf der russischen Halbinsel ***Kamtschatka*** gibt es etwa 200 Geysire. In Europa sind die 26 Geysire ***Islands*** berühmt.

Frage

33

Wodurch wird ein Tsunami nicht ausgelöst?

- *Wirbelstürme*
- *Vulkanausbruch*
- *submarines Erdbeben*

34

In welchem Jahr wurde Indonesien vom heftigsten Vulkanausbruch der letzten 200 Jahre heimgesucht?

- *1815*
- *1883*
- *2006*

35

Wo genau ereignete sich der mächtigste Vulkanausbruch des Mittelmeerraums im Jahr 1628 v. Chr.?

- *Santorin*
- *Sizilien*
- *Bucht von Neapel*

36

Wie werden die stärksten Erdbeben genannt?

- *Einsturzbeben*
- *Ausbruchsbeben*
- *Dislokationsbeben*

Antwort

33

Wirbelstürme verursachen mitunter Flutwellen, jedoch keine Tsunamiwelle. Diese kann eine Wandergeschwindigkeit von 700 km/h und eine Höhe von über 40 m erreichen und entsteht durch ein ***submarines Erdbeben,*** wie im Dezember 2004 in Südostasien, oder durch einen ***Vulkanausbruch.***

34

Die Eruption des Tambora auf Java im Jahr ***1815*** war eine der heftigsten seit Menschengedenken. Das durch die Eruption ausgeworfene Material bewirkte globale Klimaveränderungen. Berühmter wurde aber der Vulkanausbruch, bei dem ***1883*** die gesamte Insel Krakatau in der Sundastraße auseinandergesprengt und eine mächtige Tsunamiwelle ausgelöst wurden. Erst ***2006*** hat der Vulkan Merapi auf Java seine Aktivität bedrohlich verstärkt.

35

Im Jahr 1628 v. Chr. explodierte auf der griechischen Insel Thera ein gewaltiger Vulkan. Sein Einsturzkrater bildet eine Caldera, auf deren Rand die heutige Insel ***Santorin*** emporragt. Bei der Eruption des Vesuvs in der ***Bucht von Neapel*** im Jahr 79 n. Chr. wurden die Städte Herculaneum und Pompeji zerstört. Der größte Vulkan ***Siziliens,*** der Ätna, bricht seit 2500 Jahren regelmäßig aus.

36

Dislokationsbeben sind die häufigsten und stärksten Erdbeben. Es sind tektonische Beben, verursacht durch die Bewegung der einzelnen Platten der Erdkruste. Sie treten besonders an den großen Bruch- und Faltungszonen auf. Durch Vulkanausbrüche können lokale ***Ausbruchsbeben*** entstehen. Stürzen unterirdische Hohlräume ein, kommt es zu Erschütterungen, die ***Einsturzbeben*** genannt werden.

Frage

1

Was genau ist der Erdäquator?

- *Breitenkreis*
- *Meridian*
- *Längenkreis*

2

Wie nennt der Geologe Linien gleicher Sediment- oder Eismächtigkeit?

- *Isohypsen*
- *Isopachen*
- *Isobathen*

3

Wie heißen Gesteine an der Erdoberfläche, die durch Erkalten eines Lavastroms entstanden sind?

- *Magmatite*
- *Vulkanite*
- *Plutonite*

4

Was schützt das Leben auf der Erde vor kosmischen, elektrisch geladenen Teilchen?

- *Erdmagnetfeld*
- *Stratosphäre*
- *Mesosphäre*

Antwort

1

Der Erdäquator bildet den ***größten Breitenkreis*** des Erdellipsoids mit der geografischen Breite 0°. Auf der Äquatorlinie treffen senkrecht die ***Meridiane*** auf, jene Halbkreise, die sich von einem geografischen Pol zum anderen ziehen. ***Längenkreise*** durchschneiden im rechten Winkel die Äquatorlinie und durchziehen als Vollkreise beide Pole.

2

Isopachen sind Linien, die geologische Schichten gleicher Mächtigkeit verbinden. Um Geländeprofile in zweidimensionalen Karten zu veranschaulichen, bedient man sich der ***Isohypsen,*** also Höhenschichtlinien, die Orte gleicher Höhen verbinden. Tiefenprofile und die Gestalt der Meeresböden veranschaulichen hingegen ***Isobathen.***

3

Vulkanite sind durch rasche Abkühlung einer Gesteinsschmelze an der Erdoberfläche entstanden und kommen entweder als Lava oder als Tuff vor. ***Plutonite*** sind hingegen Tiefengesteine und durch Kristallisation von Magmen entstanden. Beide Gesteinsgruppen gehören zu den ***Magmatiten,*** welche alle Gesteine umfassen, die durch Erstarrung von Magma entstanden sind und daher ihren Ursprung in Prozessen des Erdinneren haben.

4

Das ***Erdmagnetfeld*** sorgt dafür, dass intergalaktische Teilchen schon im All abgefangen und um die Erde herumgeleitet werden. Stürzen Meteore auf die Erde, verglühen sie meist in der etwa 85 km über der Erdoberfläche liegenden ***Mesosphäre.*** Die sich darunter anschließende ***Stratosphäre*** über der Erdoberfläche schützt die Erde vor schädlicher UV-Strahlung, indem das in ihr enthaltene Ozon diese Strahlung absorbiert.

Frage

5

Was ist ein Stalagmit?

- *Steinsalz*
- *auf der Erde eingeschlagener kosmischer Körper*
- *stehende Tropfsteinsäule*

6

Wie nennt man die kleinen bewachsenen Inseln vor den Küsten Skandinaviens?

- *Schären*
- *Holme*
- *Pingo*

7

Wie heißt die Küsten- oder Uferregion eines Meeres oder Gewässers?

- *Litoral*
- *Benthal*
- *Pelagial*

8

Wie wird durch Eindeichung gewonnenes Land genannt?

- *Polder*
- *Koog*
- *Groden*

Antwort

5

Ein Stalagmit ist eine ***stehende Tropfsteinsäule,*** die in einer Höhle vom Boden aus durch auftropfendes kohlensäurehaltiges Wasser, das Calcit ablagert, aufwächst. Sein Gegenstück ist ein herabhängender Stalagtit. Ein Meteorit ist ein ***auf der Erde eingeschlagener kosmischer Körper,*** der sehr unterschiedliche Größe haben kann. Halit, umgangssprachlich ***Steinsalz,*** ist ein Mineral mit der Zusammensetzung NaCl, das kubische Kristalle bildet.

6

Die kleinen flachen Inseln, die in Gruppen vor den skandinavischen Küsten auftreten, heißen ***Holme.*** Ihre Form wurde wie die der Felsinselchen, der ***Schären,*** durch Gletscher der Eiszeit geprägt. Während die Schären vegetationslos sind, sind die Holme größer und bewachsen. Ein ***Pingo*** ist eine isoliert stehende, rundliche Bodenerhebung in Gebieten mit Permafrost und entsteht durch eine im Boden befindliche Eislinse.

7

Ein ***Litoral*** wird jener etwa bis 30 m tiefe Bereich eines Gewässers in Ufer-, Küsten- oder Strandnähe genannt, in den Licht eindringt. Als ***Benthal*** wird in der Hydrologie die Bodenregion von Binnengewässern bezeichnet. Das ***Pelagial*** ist der von der Küste oder vom Ufer entfernte freie Meeres- oder Seenbereich oberhalb des Benthals.

8

Durch Eindeichung gewonnenes Land an der Küste wird ***Polder*** genannt. Das zum Binnenland, hinter einem Deich liegende Land wird ***Koog*** genannt. Ihm wird das Wasser entzogen und ist so nach acht Jahren schon landwirtschaftlich nutzbar und bebaubar. Polder entstehen auf sogenannten ***Groden,*** das ist bereits eingedeichtes oder dafür geeignetes Marschland.

Frage

9

Was ist ein Archipel?

- *Korallenriff*
- *aus dem Meer ragender Krater*
- *inselreiche Meeresgegend*

10

Wie heißen durch vulkanische Gasexplosionen entstandene runde Vertiefungen in der Erdoberfläche?

- *Vulkankrater*
- *Caldera*
- *Maar*

11

Was ist ein Ästuar?

- *Mündungsarm*
- *Trichtermündung*
- *Fjord*

12

Was ist ein Isthmus?

- *Landbrücke*
- *Kanal*
- *Meerenge*

Antwort

9

Ein Archipel ist eine ***inselreiche Meeresgegend.*** Der Begriff bezeichnet nicht nur die Inseln, sondern das gesamte sie umgebende Meeresgebiet. Ein ***Krater*** ist eine trichterförmige Öffnung eines Vulkans. Ein ***Korallenriff*** wird über Jahrhunderte aus den Skeletten von Steinkorallen gebildet und reicht mitunter bis an die Wasseroberfläche.

10

Maar nennt man jene runden, trichterförmigen Erdvertiefungen, die durch vulkanische Gasexplosionen entstanden sind. Oft sind sie mit Wasser gefüllt. In Deutschland gibt es sie in der Eifel und auf der Schwäbischen Alb. ***Vulkankrater*** sind Öffnungen von Vulkanen, durch die Magma austritt oder ausgetreten ist. Dieser Begriff ist nicht mit einer ***Caldera*** gleichzusetzen, die eine großräumige Einbruchstruktur vulkanischen Ursprungs bezeichnet.

11

Ein Ästuar ist eine ***Trichtermündung*** eines Flusses, die sich an Flachküsten durch das Wirken der Gezeiten herausgebildet hat. Beispiele für Ästuare sind die Mündungen des Jenissei, der Elbe oder der Themse. Häufiger bilden Flüsse ein Delta, wo sie sich vor der Mündung in ein Meer fächerförmig verzweigen und meist über mehrere ***Mündungsarme*** abfließen. Ein ***Fjord*** ist ein weit ins Landesinnere reichender Meeresarm.

12

Das Wort Isthmus bezeichnet einen schmalen Streifen Land, der zu beiden Seiten von Wasser begrenzt ist und zwei Landmassen verbindet. Auch die Begriffe Landenge oder ***Landbrücke*** sind gebräuchlich. Solche Stellen sind für den Bau von ***Kanälen*** geeignet (Panamakanal). Eine ***Meerenge*** ist eine Stelle im Meer, an der sich zwei Landmassen dicht gegenüberliegen und einen Engpass bilden.

Frage

13

Welcher Bereich der Geowissenschaften untersucht Gesteine hinsichtlich ihrer Entstehung?

- *Petrologie*
- *Stratigrafie*
- *Tektonik*

14

Wie heißt das Forschungsgebiet zur Erkundung der freien Atmosphäre (bis ca. 30 km Höhe)?

- *Aerologie*
- *Aeronomie*
- *Meteorologie*

15

Welche dieser Geowissenschaften befasst sich mit Eis und Schnee?

- *Glaziologie*
- *Geodäsie*
- *Speläologie*

16

Welcher geografische Wissenschaftsbereich befasst sich mit Flüssen?

- *Potamologie*
- *Hydrologie*
- *Limnologie*

Antwort

13

Die ***Petrologie*** untersucht feste Gesteine, die sich aufgrund ihrer unterschiedlichen Entstehung in drei Hauptgruppen teilen: magmatische, metamorphe und sedimentäre Gesteine. Die ***Stratigrafie*** ist damit befasst, Gesteine hinsichtlich ihres Entstehungsalters chronologisch in der geologischen Zeitskala einzuordnen. Die ***Tektonik*** ist einerseits die Lehre vom Bau der Erdkruste, andererseits von den Bewegungen und Kräften, die diese formen.

14

Die ***Aerologie*** erforscht die freie, d. h. die untere Schicht der Atmosphäre, die Stratosphäre. Die ***Aeronomie*** befasst sich mit der hohen, über 60 km hoch gelegenen Atmosphäre. Aerologie und Aeronomie sind Teilgebiete der ***Meteorologie,*** der Wissenschaft von der Physik der Erdatmosphäre und das dadurch hervorgerufene Wetter.

15

Mit Formen, Auftreten und Eigenschaften von Eis und Schnee befasst sich die ***Glaziologie.*** Der Wissenschaftsbereich entstand im 19. Jahrhundert als Gletscherkunde. Die ***Geodäsie,*** die Wissenschaft von der Ausmessung und Abbildung der Erdoberfläche, beschäftigt sich u. a. mit der Landvermessung. ***Speläologie*** wird die Erforschung von Höhlen und Karsterscheinungen genannt.

16

Die ***Potamologie*** untersucht geologische und geophysikalische Eigenschaften sowie geoökologische und -ökonomische Prozesse von Flüssen und Bächen. Der Wissenschaftsbereich ist ein Gebiet der ***Hydrologie,*** die alle Forschungsbereiche um das Wasser umfasst. Weitere Unterbereiche sind z. B. die ***Limnologie,*** die Lehre von den Binnengewässern, oder die Hydrogeologie, deren Forschungsfeld das Wasser in der Erdkruste ist.

Frage

1

Welches sind die größten Süßwasserspeicher der Erde?

- *Eis*
- *Seen*
- *Grundwasser*

2

Welches ist das größte Brackwassermeer der Erde?

- *Nordsee*
- *Ostsee*
- *Bottnischer Meerbusen*

3

Welcher dieser Binnenseen hat weltweit den höchsten Salzgehalt?

- *Salar de Uyuni*
- *Assalsee*
- *Großer Salzsee in Utah*

4

Welches ist der zweitkleinste Ozean der Welt?

- *Südpolarmeer*
- *Weddelmeer*
- *Nordpolarmeer*

Antwort

1

Nur 2,6 bis 3% des Wasseraufkommens der Erde ist Süßwasser, dessen größter Teil im Eis der Gletscher, der Pole und im Dauerfrostboden gespeichert ist. Auch das ***Grundwasser,*** das die Hohlräume der Erdrinde zusammenhängend ausfüllt, ist ein beträchtlicher Süßwasserspeicher. Tiefe ***Seen,*** wie der Baikalsee oder der Tanganjikasee sind die größten Frischwasserspeicher.

2

Die Ostsee ist das größte Brackwassermeer der Erde. Besonders im Osten der Ostsee, im ***Bottnischen Meerbusen*** und im Finnischen Meerbusen, ist der Salzgehalt sehr niedrig. Brackwasserzonen bilden sich auch an den Mündungen von Flüssen, wie an der Einmündung der Elbe in die ***Nordsee.***

3

Der 54 km^2 große Assalsee in Dschibuti ist mit knapp 35% der See mit dem weltweit höchsten Salzgehalt – der Salzgehalt des Ozeans beträgt hingegen nur etwa 3 bis 4%. Das Wasser des ***Großen Salzsees in Utah*** hat einen Salzgehalt von 25%, das des Toten Meeres sogar 28%. Der ***Salar de Uyuni*** in Bolivien ist mit 12000 km^2 flächenmäßig der größte Salzsee der Welt, wird aber in Zeiten geringer Niederschläge zur Salzwüste.

4

Das Südpolarmeer umgibt den Kontinent Antarktika und ist der zweitkleinste der fünf Ozeane. Randmeere dieses Ozeans sind das Rossmeer, das Amundsenmeer und das ***Weddelmeer.*** Das ***Nordpolarmeer*** ist der kleinste Ozean und wird zuweilen auch als Nebenmeer des Atlantiks angesehen.

Frage

5

Was ist die Beringstraße?

- *Kontinentalschelf*
- *Meerenge*
- *Landbrücke*

6

Welches ist der größte See der Erde?

- *Victoriasee*
- *Oberer See*
- *Kaspisches Meer*

7

Wie heißt die Meerenge zwischen der Westküste Schwedens und der Ostküste von Jütland?

- *Skagerrak*
- *Kattegat*
- *Øresund*

8

Was ist der Bosporus?

- *Kanal*
- *Bucht*
- *natürliche Meerenge*

Antwort

5

Die Beringstraße ist eine 85 km breite *Meerenge* zwischen der Tschuktschensee, einem Randmeer des Nordpolarmeers, und dem Beringmeer im Pazifik. Sie liegt zwischen Asien und Amerika bzw. Russland und den USA. Bis zum Ende der letzten Kaltzeit verband noch eine ***Landbrücke,*** Beringa genannt, Asien und Alaska. Seit rund 10 000 Jahren ist sie aber überflutet. Im Beringmeer sind die beiden Landmassen durch ein ***Kontinentalschelf*** verbunden.

6

Das *Kaspische Meer* ist mit einer Fläche von 400 000 km^2 der größte See der Erde. Es bildet einen Teil der geografischen Grenze zwischen Asien und Europa. Der Größe nach folgen ihm der ***Obere See*** in Nordamerika, durch den die Grenze zwischen den USA und Kanada verläuft, und der ***Victoriasee*** in Afrika.

7

Die Westküste Schwedens und die Ostküste Jütlands trennt das *Kattegat.* Zwischen der Südküste Norwegens, der Westküste Schwedens und dem dänischen Jütland liegt das ***Skagerrak.*** Skagerrak und Kattegat verbinden die Nordsee und die Ostsee. Das Kattegat ist im Süden durch den ***Øresund*** sowie den Großen und Kleinen Belt mit der Ostsee verbunden.

8

Der Bosporus ist eine 30 km lange *natürliche Meerenge* und verbindet das Schwarze Meer und das Marmarameer, das in das Mittelmeer mündet. An beiden Seiten des Bosporus, der an seiner schmalsten Stelle gerade 700 m breit ist, liegt Istanbul. Das westliche Ufer des Bosporus gehört zu Europa, das östliche zu Kleinasien. Das Goldene Horn ist eine 6 km lange ***Bucht*** am Bosporus. Der ***Kanal*** zwischen Mittelmeer und Rotem Meer heißt Sueskanal.

Frage

9

Welcher See liegt zwischen Estland und Russland?

- *Ladogasee*
- *Peipussee*
- *Onegasee*

10

Welcher See ist der tiefstgelegene Süßwassersee der Erde?

- *Baikalsee*
- *Totes Meer*
- *See Genezareth*

11

Welches ist der größte Süßwassersee Südamerikas?

- *Titicacasee*
- *Maracaibosee*
- *Poopósee*

12

Welches ist der größte Binnensee Deutschlands?

- *Müritz*
- *Bodensee*
- *Schweriner See*

Antwort

9

Der 3583 km^2 große ***Peipussee*** liegt zwischen Estland und Russland. Er ist fast achtmal so groß wie der Bodensee. So wie der Peipussee liegen auch die größten Seen Europas im Norden. Die größte Süßwasserfläche Europas hat der 17703 km^2 große ***Ladogasee*** in Russland, gefolgt vom ***Onegasee*** mit 9720 km^2.

10

Der ***See Genezareth*** im Norden Israels ist mit 212 m unter dem Meeresspiegel der tiefstgelegene Süßwassersee der Erde. Der Jordan durchfließt den See und mündet im Süden in das ***Tote Meer,*** ein Salzsee, dessen Wasseroberfläche sich ca. 400 m unter dem Meeresspiegel befindet und der damit der am tiefsten gelegene See überhaupt ist. Der tiefste See der Erde, der ***Baikalsee,*** misst an seiner tiefsten Stelle 1741 m.

11

Der 3812 m über dem Meeresspiegel gelegene ***Titicacasee*** ist der größte Süßwassersee in Südamerika. Der See wird von 20 Flüssen gespeist; der Rio Desaguadero führt jedoch Wasser in den abflusslosen ***Poopósee*** ab. Der ***Maracaibosee*** im Nordwesten Venezuelas ist flächenmäßig noch größer. Er ist eine verlandete Meeresbucht, die in ihrem nördlichen Teil Brackwasser führt.

12

Die 117 km^2 große ***Müritz*** ist der größte Binnensee auf dem Territorium Deutschlands. Sie gehört zur Mecklenburgischen Seenplatte, wie auch der ***Schweriner See,*** deren zweitgrößter See. Vom 536 km^2 großen ***Bodensee*** hat Deutschland neben Österreich und der Schweiz den längsten Uferabschnitt und den größten Anteil an dem Gewässer. Im Obersee gibt es keine anerkannte Grenzziehung zwischen den Anrainern.

Frage

13

Welches ist der wasserreichste bayerische See?

- *Chiemsee*
- *Starnberger See*
- *Königssee*

14

Welches ist der flächenmäßig größte Stausee Afrikas?

- *Victoria Reservoir*
- *Nassersee*
- *Volta-Stausee*

15

Wie heißen schiffbare Wasserrinnen im Watt?

- *Priel*
- *Balje*
- *Altwasser*

16

Welcher dieser Flüsse ist kein sogenannter Fremdlingsfluss?

- *Nil*
- *Indus*
- *Kongo*

Antwort

13

Der ***Starnberger See*** ist der wasserreichste See in Bayern. Seine Fläche ist zwar kleiner als die des etwa 80 km^2 großen ***Chiemsees,*** er ist jedoch viel tiefer – an der tiefsten Stelle 130 m – und kann somit mehr Wasser speichern. Der ***Königssee*** hat gar eine maximale Tiefe von 190 m und ist der tiefste See Bayerns.

14

Die Wasserfläche des Victoriasees wurde durch den Owen-Falls-Damm und den so entstandenen Stausee – ***Victoria Reservoir*** – überflutet und auf insgesamt 68 870 km^2 vergrößert. Der ***Volta-Stausee*** in Ghana ist mit einer Fläche von 8482 km^2 der zweitgrößte Stausee in Afrika. Im Süden Ägyptens staut der Assuanstaudamm den Nil zum ***Nassersee*** auf, der sich bis in den Sudan erstreckt.

15

Balje sind in Richtung See verlaufende, schiffbare Wasserrinnen im Wattenmeer. Kleine natürliche Wasserläufe in Watt und Marsch, die natürliche Wege für das bei Ebbe und Flut ausströmende Wasser bilden, werden ***Priel*** genannt. Ein ***Altwasser*** wurde durch eine künstliche oder natürliche Verlegung eines Flussbetts vom Fließgewässer abgeschnitten, oder es bezeichnet stehendes Wasser in einem abgeschlossenen Meeresbecken.

16

Der ***Kongo*** ist der wasserreichste Fluss Afrikas. Seine Mündung in den Atlantik setzt sich in der noch 150 km langen Kongorinne fort. Er durchfließt keine ausgedehnten Trockengebiete wie z. B. der ***Nil*** und der ***Indus,*** oder der Euphrat und der Tigris. Diese Flüsse sind sogenannte Fremdlingsflüsse oder allochthone Flüsse. Diese entspringen in niederschlagsreichen Gebieten und durchfließen dann bis zu ihrer Mündung Trockengebiete.

Frage

17

Wie heißt der südostasiatische Fluss, der als einziger auf der Welt seine Fließrichtung ändert?

- *Tonle-Sap-Fluss*
- *Mekong*
- *Bassac*

18

Welcher ist der wasserreichste Fluss der Erde?

- *Amazonas*
- *Nil*
- *Mississippi*

19

Wie heißt der größte Fluss Asiens?

- *Jangtsekiang*
- *Amur*
- *Lena*

20

Welcher dieser sibirischen Ströme mündet in einem Delta ins Nordpolarmeer?

- *Jenissei*
- *Lena*
- *Ob*

Antwort

17

Der kambodschanische *Tonle-Sap-Fluss,* der aus dem gleichnamigen See gespeist wird, wechselt seine Fließrichtung, wenn der ***Mekong*** Mitte Juni bis Anfang Oktober Hochwasser führt und seine Wassermassen in ihn zurückdrängen. Er füllt so alljährlich für mehrere Monate den See, dessen Abfluss er normalerweise ist. Nördlich von Phnom Penh mündet der Tonle Sap in den Mekong, von dem nach der Stadt der ***Bassac*** abzweigt.

18

Der *Amazonas,* dessen Stromgebiet sich über 7 Millionen km^2 erstreckt, führt weltweit die größten Wassermassen. Bis zum Südatlantik münden ca. 10000 Flüsse in den Amazonas. Der 6671 km lange ***Nil*** gilt als längster Strom Afrikas und der Erde. Der ***Mississippi*** in den USA zählt zu den zehn längsten Flüssen der Erde.

19

Der *Jangtsekiang* in China ist der größte Fluss Asiens. Er entspringt im Nordosten Tibets und mündet nach 6380 km in einem Delta bei Shanghai in das Ostchinesische Meer. Die ***Lena*** – sie entspringt im Baikalgebirge und mündet in den Baikalsee – ist der größte Fluss Sibiriens. Der in den nördlichen Pazifik mündende ***Amur*** bildet die Grenze zwischen Russland und China.

20

Der ostsibirische Strom *Lena* mündet in ein 30000 km^2 großes Delta, dessen Wasser sich in die Laptewsee ergießen. Der ***Jenissei*** mündet in einem Ästuar, d.h. in einem Mündungstrichter, in die Karasee des Nordpolarmeers. Auch der westsibirische Strom ***Ob*** fließt über den Obbusen, ein gewaltiger Mündungstrichter nördlich des Uralgebirges, ins Polarmeer.

Frage

21

Welcher Fluss ist der heilige Strom der Hindus?

- *Ganges*
- *Brahmaputra*
- *Indus*

22

Die Quellen der größten Ströme unserer Erde sind oft schwer zu finden und zu identifizieren. Wann wurde die Quelle des Orinoco entdeckt?

- *1996*
- *1851*
- *1859*

23

Welcher nordamerikanische Fluss mündet bei New York City in den Atlantik?

- *East River*
- *Hudson*
- *Mohawk*

24

Wie heißt der längste Fluss Europas?

- *Donau*
- *Wolga*
- *Dnjepr*

Antwort

21

Der *Ganges* ist der größte Strom in Indien und zugleich der heilige Strom der Hindus. Er verkörpert für sie Reinheit, und dementsprechend dient sein Wasser in vielen Riten zur materiellen und spirituellen Reinigung. Er vereinigt sich in Bangladesch mit dem ***Brahmaputra.*** Namensgeber für Indien ist der ***Indus,*** der längste Strom des Subkontinents und der wichtigste Strom Pakistans.

22

Die Quelle des Orinoco, den Alexander von Humboldt schon 1800 bereiste, wurde *1851* gefunden. ***1859*** fand der britische Afrikaforscher David Livingstone die Quelle des Sambesi, eines der längsten Flüsse Afrikas, der an den Victoriafällen über 110 m in die Tiefe stürzt. Im Jahr ***1996*** entdeckte ein Forscherteam die Quelle des Amazonas bei einem Gletscher in den Hochanden.

23

Bei New York City mündet der ***Hudson*** in den Atlantik. Der Hudson gehört zu den bedeutendsten Wasserwegen der USA. Einer der wichtigsten Nebenflüsse des Hudson ist der ***Mohawk.*** Der ***East River*** in New York ist kein Fluss, sondern eine Meerenge, die den Long-Island-Sund mit der Mündung des Hudson verbindet.

24

Die *Wolga* ist Europas längster und wasserreichster Fluss und legt zwischen ihrer Quelle in den zentralrussischen Waldaihöhen bis zum Kaspischen Meer 3690 km zurück. Die ***Donau*** ist mit 2845 km der zweitlängste europäische Fluss. Sie entspringt im Schwarzwald und mündet in das Schwarze Meer. Der drittlängste Fluss ist der 2200 km lange ***Dnjepr,*** der, auch aus den Waldaihöhen kommend, durch Weißrussland und die Ukraine fließt und ebenfalls ins Schwarze Meer mündet.

Frage

25

Wo liegt die Quelle der Rhône?

- *Zentralmassiv*
- *Schweizer Alpen*
- *Vogesen*

26

Wo entspringt der Nemunas?

- *Weißrussland*
- *Memelland*
- *Litauen*

27

Welcher dieser Anrainerstaaten hat Zugang zu beiden Flussseiten der Donau?

- *Rumänien*
- *Bulgarien*
- *Ukraine*

28

Welches ist der größte Nebenfluss der Elbe?

- *Eger (Ohre)*
- *Moldau*
- *Schwarze Elster*

Antwort

25

Die Rhône entspringt in den ***Schweizer Alpen*** am Rhône-Gletscher. Sie durchfließt den Kanton Wallis, den Genfer See und danach den Süden Frankreichs, bis sie in das Mittelmeer mündet. Bei Lyon mündet die Saône, die aus den ***Vogesen*** kommt, in die Rhône. Die Loire, der längste Fluss Frankreichs, entspringt im ***Zentralmassiv*** und mündet bei Saint-Nazaire in den Atlantischen Ozean.

26

Der 937 km lange Nemunas, auch Memel genannt, entspringt in ***Weißrussland,*** durchfließt Litauen und mündet in einem weiten Delta in das Kurische Haff und in die Ostsee. Das Gebiet nördlich des Nemunas ist das ***Memelland*** und eine Region des ehemaligen Ostpreußens, das hier seit 1920 zu ***Litauen*** gehört.

27

Die Donau durchfließt zehn europäische Staaten, oft als Grenzfluss. ***Rumänien*** hat mit 1075 Flusskilometern den größten Anteil an der Länge des Stroms und Zugang zu beiden Ufern. In ***Bulgarien*** ist die Donau auf 471,6 km Grenzfluss zu Rumänien. Das Land hat nur Anteil am rechten Donauufer. Die ***Ukraine*** hat Anteil an rund 54 km des linken Ufers der Donau. Ebenso haben Kroatien und Moldawien Anteil an nur einer Flussseite.

28

Die ***Moldau*** ist der größte Nebenfluss der Elbe. An der Stelle ihrer Einmündung bei Melník ist ihre normale Abflussmenge größer als die der Elbe, sodass eigentlich hier die Elbe in die Moldau mündet. Die ***Schwarze Elster*** ist ein rechter Zufluss der Elbe und entspringt in der Oberlausitz. Die ***Eger*** (Ohre) ist ein linker Nebenfluss der Elbe. Sie durchfließt den Nordwesten Tschechiens.

Frage

29

Welcher Fluss nahm bis zur Riß-Eiszeit die Wassermassen der Alpen auf, die heute in Richtung Norden in die Nordsee fließen?

- *Urdonau*
- *Altmühl*
- *Rhein*

30

Welcher dieser Flüsse der Schwäbischen Alb ist kein Donauzufluss?

- *Echaz*
- *Brenz*
- *Blau*

31

Welcher dieser Flüsse entspringt nicht im Fichtelgebirge?

- *Saale*
- *Weißer Main*
- *Regen*

32

Wo vereinigen sich die beiden Quellflüsse des Mains?

- *Bamberg*
- *Kulmbach*
- *Mainz*

Antwort

29

Die *Urdonau* nahm bis zur Riß-Eiszeit das Wasser auf, das heute vom Rhein transportiert wird. Sie war erheblich größer als die heutige Donau. Teile ihres Flussbetts entsprechen dem heutigen Tal der ***Altmühl*** und dem Wellheimer Trockental. Der ***Rhein*** ist der einzige Fluss, der aus den Alpen abfließendes Wasser Richtung Norden in die Nordsee führt.

30

Die *Echaz* gehört zum Flusssystem des Rheins. Bei Kirchentellinsfurt mündet sie in den Neckar, der wiederum in den Rhein abfließt. Die ***Brenz*** ist ein nördlicher Nebenfluss der Donau, in die sie bei Lauingen mündet. Die ***Blau*** entspringt bei Blaubeuren am Südrand der Schwäbischen Alb aus dem Blautopf und mündet bei Ulm in die Donau.

31

Der *Regen,* der bei Regensburg in die Donau mündet, entspringt im Bayerischen Wald bei Zwiesel. Im Fichtelgebirge haben vier bedeutende Flüsse ihre Quelle, die nach allen vier Himmelsrichtungen abfließen. Es sind dies die ***Saale,*** die nach Norden, sowie die Eger, die nach Osten der Elbe zufließen, die Naab, die nach Süden zur Donau fließt, und der ***Weiße Main,*** ein Quellfluss des Mains, der nach Westen abfließt und in den Rhein mündet.

32

Die beiden Quellflüsse des Mains, der aus südlicher Richtung kommende Rote Main und der von Norden heranfließende Weiße Main, vereinigen sich bei *Kulmbach* in der Fränkischen Schweiz. Der Main fließt – für Mitteleuropa untypisch – von Osten nach Westen. In ***Bamberg*** mündet die Regnitz in den Main. In ***Mainz*** mündet der Main – mit 524 km der längste Fluss, der auf seiner Gesamtlänge durch Deutschland fließt – in den Rhein.

Frage

33

Wo beginnt die Kilometrierung (Beginn der Kilometerzählung) des Rheins?

- *bei Schaffhausen*
- *bei Konstanz*
- *nach Basel*

34

Welcher Fluss mündet in die Nordseebucht Hollands Diep?

- *Ijssel*
- *Maas*
- *Waal*

35

Wie heißt der östlichste Grenzfluss Deutschlands?

- *Oder*
- *Neiße*
- *Lausitzer Neiße*

36

In welches Gewässer mündet die Spree?

- *Elbe*
- *Havel*
- *Müggelsee*

Antwort

33

Die in den Alpen entspringenden Arme Vorderrhein und Hinterrhein vereinen sich zum Alpenrhein, der in den Bodensee mündet und ihn bei ***Konstanz*** wieder verlässt. Hier beginnt die Kilometerzählung des Stroms. Bei ***Schaffhausen*** überwindet er die Felsenstufe des Jura im 20 m hohen Rheinfall und fließt als Hochrhein nach ***Basel*** weiter. Von dort wird er Oberrhein genannt.

34

In die ***Waal*** floss einst ein Großteil des Wassers der ***Maas,*** die damit einer der wichtigsten Zuflüsse des Rheinsystems war. Seit 1904 mündet sie in die ehemalige Nordseebucht Hollands Diep. Der Hauptmündungsarm des Rheins ist die Waal, die, vereinigt mit dem Lek, bei Hoek van Holland in die Nordsee mündet. Die ***Ijssel*** zweigt vom nördlichen Mündungsarm des Rheins, dem Lek, ab und fließt in das Ijsselmeer.

35

Die Ostgrenze Deutschlands bildet die Oder-Neiße-Linie, die nach dem Zweiten Weltkrieg festgelegt wurde. Den Süden dieser Linie bildet der östlichste Fluss Deutschlands, die ***Lausitzer Neiße*** (es gibt auch noch die Glatzer Neiße und die Wütende Neiße), obwohl hier meist nur von der ***Neiße*** gesprochen wird. Die Lausitzer Neiße liegt noch östlicher als die ***Oder,*** in die sie nördlich der Stadt Guben mündet.

36

Die Spree ist der größte Nebenfluss der ***Havel,*** in die sie bei Spandau einmündet. Die Havel wiederum fließt in Sachsen-Anhalt in die ***Elbe.*** Die Spree, die hinter Cottbus im Spreewald ein breites Binnendelta bildet, durchfließt weiterhin den ***Müggelsee*** und passiert auf 46 km Berlin.

Frage

37

Der Mittellandkanal ist die längste künstliche Wasserstraße in Deutschland. Ab wann war der Kanal vollständig schiffbar?

- *1938*
- *1916*
- *2003*

38

Welcher Kanal wurde nicht von Menschen gebaut?

- *Kanal von Korinth*
- *Panamakanal*
- *Ärmelkanal*

39

Welchem Staat gehört der Panamakanal?

- *Panama*
- *USA*
- *Frankreich*

40

Was ist der Sankt-Lorenz-Seeweg?

- *Sankt-Lorenz-Strom*
- *Großschifffahrtsweg*
- *Kanal*

Antwort

37

Erst seit *2003* – mit der Fertigstellung des Wasserstraßenkreuzes Magdeburg, zu dem die längste Trogbrücke Europas gehört, auf der Schiffe über die Elbe fahren, und mit der Doppelsparschleuse Hohenwarthe, dem Übergang zum Elbe-Havel-Kanal – ist der 1906 begonnene Mittellandkanal auf ganzer Länge schiffbar. ***1916*** war der Abschnitt bis Hannover befahrbar, ***1938*** war die Verbindung zur Elbe fertiggestellt.

38

Der *Ärmelkanal,* einer der wichtigsten europäischen Schifffahrtswege, ist die natürliche Wasserstraße zwischen dem Atlantik und der Nordsee. Der ***Kanal von Korinth*** wurde durch den Isthmus von Korinth 1881 bis 1993 gegraben. 1914 wurde nach acht Jahren Bauzeit der ***Panamakanal*** eröffnet, der den Atlantik und den Pazifik verbindet.

39

Der Panamakanal ist seit 2000 im Besitz *Panamas.* 1903 kauften die ***USA*** die Kanalzone und bauten den 1914 eröffneten Panamakanal, für den sie sich die Hoheitsrechte vorbehielten und diese ab 1979 mit Panama teilten. In den 1880er-Jahren versuchte bereits eine ***französische*** Gesellschaft diesen Kanal zu bauen, scheiterte aber.

40

Der Sankt-Lorenz-Seeweg wurde von Kanada und den USA 1951 bis 1959 als gemeinsamer *Großschifffahrtsweg* zwischen den Großen Seen und dem Atlantik ausgebaut. Über den ***Sankt-Lorenz-Strom*** und die Großen Seen können Hochseeschiffe verkehren. Durch Flussvertiefungen, den Bau von ***Kanälen*** und Schleusen wurde ein durchgehender Schiffsverkehr auf 3770 km bis in die Mitte des Kontinents möglich.

Frage

41

Welche arktische Schiffspassage erforschte der Polarforscher Roald Amundsen in den Jahren 1918 bis 1920?

- *Nordwestpassage*
- *Nordostpassage*
- *Davisstraße*

42

Wo befindet sich der Wasserfall mit der größten Fallhöhe der Welt?

- *USA*
- *Venezuela*
- *Südafrika*

43

Welcher dieser Wasserfälle führt am meisten Wasser?

- *Boyomafälle*
- *Victoriafälle*
- *Rheinfall*

44

Wo liegt der Wasserfall mit der größten Fallhöhe in Europa?

- *Schweiz*
- *Deutschland*
- *Norwegen*

Antwort

41

Roald Amundsen erforschte 1918 bis 1920 die ***Nordostpassage,*** den Schifffahrtsweg im Nordpolarmeer entlang der Nordküsten Europas und Asiens. 1903 bis 1906 fand Amundsen die ***Nordwestpassage,*** die den Atlantik mit dem Pazifik verbindet, sich für Handelsschiffe aber als ungeeignet erwies. Die ***Davisstraße*** zwischen der kanadischen Baffininsel und Grönland wurde schon 1585 von dem Engländer John Davis befahren.

42

Der höchste frei fallende Wasserfall der Welt befindet sich im Südosten von ***Venezuela.*** Dort stürzt der Salto Angel von einem Tafelberg 978 m in die Tiefe. Sein Wasser gehört zum Rio Carrao. In ***Südafrika*** bietet der Tugelafall ein ähnliches Schauspiel. Seine Fallhöhe beträgt 948 m. In den ***USA*** ist der 735 m hohe Yosemite Fall nach dem Gocta in Peru der vierthöchste Wasserfall der Welt.

43

Die wasserreichsten Wasserfälle, die ***Boyomafälle,*** liegen am Kongo-Oberlauf. Dort fließen im Jahresdurchschnitt etwa 17000 m^3 Wasser pro Sekunde über die Kaskaden. An den ***Victoriafällen*** stürzt der Sambesi auf einer Breite von 1708 m 110 m in die Tiefe und führt bei Hochwasser bis zu 10000 m^3 Wasser pro Sekunde, in der Trockenzeit aber nur 170 m^3. Der ***Rheinfall*** bei Schaffhausen in der Schweiz ist mit seinem Wasserreichtum der größte Wasserfall Europas.

44

Der höchste Wasserfall Europas ist der 645 m hohe Mardalsfossen in ***Norwegen.*** In der ***Schweiz,*** im Berner Oberland, stürzen die Engstligenfälle 520 m in die Tiefe. Weniger bekannt ist der Röthbachfall in ***Deutschland.*** Er fällt im Berchtesgadener Land am Obersee 470 m herab.

Staaten

Frage

1

Welcher dieser Staaten liegt nicht auf der Äquatorlinie?

- *Äquatorialguinea*
- *Gabun*
- *Indonesien*

2

Welches ist nach dem Zerfall der Sowjetunion das flächenmäßig größte Land der Erde?

- *China*
- *Russland*
- *Kanada*

3

Gegen welche Insel tauschte das Deutsche Reich im Jahr 1890 Helgoland ein?

- *West-Samoa*
- *Sansibar*
- *Salomonen*

4

Wo liegt Bessarabien?

- *Russland*
- *Türkei*
- *Moldawien*

Antwort

1

Der afrikanische Staat ***Äquatorialguinea*** liegt nicht am Äquator, wie sein Name vermuten lässt, sondern nördlich davon. Der südliche Nachbar an der Atlantikküste Zentralafrikas, ***Gabun,*** wird aber vom Äquator durchzogen, wie auch sechs weitere afrikanische Staaten; in Südamerika sind es drei Länder (Ecuador, Kolumbien, Brasilien). ***Indonesien*** ist der einzige asiatische Staat, dessen Landmasse vom Äquator berührt wird.

2

Nach der Auflösung der Sowjetunion und nachdem 15 ehemalige Sowjetrepubliken unabhängige Staaten geworden sind, hat ***Russland*** nur noch 76 % der Fläche der ehemaligen Sowjetunion. Dennoch ist es noch heute mit 17,1 Millionen km^2 das größte Land der Erde. ***Kanada*** ist mit „nur" 9,96 Millionen km^2 das zweitgrößte Land. ***China*** liegt mit 9,57 Millionen km^2 knapp hinter den USA an vierter Stelle.

3

Deutschland erwarb die 1 km^2 große Insel Helgoland, seine einzige, etwa 70 km vor dem Festland in der Nordsee liegende Hochseeinsel, 1890 von Großbritannien im Tausch gegen die Insel ***Sansibar*** vor der Küste Ostafrikas. Die Pazifikinseln ***West-Samoa*** und die ***Salomonen*** blieben bis 1914 bzw. 1918 deutsche Schutzgebiete.

4

Bessarabien ist eine historische Landschaft in Südosteuropa, die auf den heutigen Territorien von ***Moldawien*** und der Ukraine liegt. Das Gebiet grenzt im Süden an das Schwarzen Meer. Jahrhundertelang war das Land Pufferregion zwischen den Großmächten Österreich, ***Russland*** und dem Osmanischen Reich, das auch früher schon als ***Türkei*** bezeichnet wurde.

Frage

5

Wo liegt das Gebiet, das Neubraunschweig genannt wird?

- *Kanada*
- *Niedersachse*
- *Pennsylvania*

6

Wo liegt Südgeorgien?

- *im üdlichen Atlantischen Ozean*
- *im Süden Georgiens*
- *am Schwarzen Meer*

7

Wo lag das Reich der biblischen Königin von Saba?

- *im heutigen Jemen*
- *in Juda*
- *in Galiläa*

8

Welches ist der kleinste Staat Europas?

- *Liechtenstein*
- *Vatikan*
- *Monaco*

Antwort

5

Neubraunschweig ist eine Provinz im Nordosten ***Kanadas.*** Sie liegt an den nördlichen Ausläufern der Appalachen und wurde nach dem Fürstentum Braunschweig benannt, aus dem der britische König Georg III. stammte. Die Provinz wurde nicht von deutschen Einwanderern gegründet und benannt, wie es in Nordamerika, z. B. im US-Bundesstaat ***Pennsylvania,*** oft geschah. Neubraunschweig liegt auch nicht in ***Niedersachsen.***

6

Südgeorgien heißt eine Insel ***im südlichen Atlantik*** und ist ein britisches Überseegebiet. Die Insel ist von Eis oder von Tundra bedeckt und kaum bewohnt. Das Gebiet liegt also nicht ***im Süden der Republik Georgien,*** die vom ***Schwarzen Meer*** begrenzt wird.

7

Das einstige Reich der Königin von Saba ist der ***heutige Jemen.*** Das Königreich mit der Hauptstadt Marib bestand zwischen 1000 v. Chr. und 400 n. Chr. Das geeinte Königreich Israel, das der Bibel nach unter den Königen Saul, David und Salomo bestand, wurde 926 v. Chr. in ein Nordreich und ein südliches Reich, das ***Juda*** hieß, geteilt. ***Galiläa*** ist ein großes Gebiet im Norden Israels.

8

Der ***Vatikan*** im Westen Roms ist das religiöse und politische Zentrum der katholischen Kirche und mit 0,44 km² das kleinste selbstständige Staatsgebilde in Europa. Europäische Zwergstaaten sind ebenso die Fürstentümer ***Monaco*** und ***Liechtenstein,*** doch sind sie bezüglich ihres Reichtums wahre Riesen: Monaco ist ein Eldorado für Millionäre, da meist weder Einkommens- noch Erbschaftssteuern erhoben werden, Liechtenstein erzielt pro Kopf das höchste Bruttoinlandsprodukt weltweit.

Frage

9

Zu welchem Staat gehört Gibraltar?

- *Marokko*
- *Spanien*
- *Großbritannien*

10

Zu welchem Staat gehört die Mittelmeerinsel Korsika?

- *Italien*
- *Frankreich*
- *selbstständiger Staat*

11

Wie heißt der südliche Nachbarstaat Österreichs?

- *Slowenien*
- *Slowakei*
- *Tschechoslowakei*

12

Was bildet sowohl in Bulgarien als auch in Griechenland und in der Türkei eine Grenzlinie?

- *Maritza*
- *Rilagebirge*
- *Oberthrakische Tiefebene*

Antwort

9

Gibraltar ist eine Halbinsel an der Südküste der Iberischen Halbinsel. Im Jahr 1704 kam Gibraltar mit seiner Felsenfestung in den Besitz der englischen Krone und gehört noch heute zu ***Großbritannien.*** Das 6543 km² große Gebiet trennt im Norden eine gerade einmal 1,2 km lange Grenze von ***Spanien.*** Südlich, getrennt durch die Straße von Gibraltar, liegt das afrikanische Festland mit ***Marokko.***

10

Im Jahr 1768 ging die Insel Korsika an ***Frankreich,*** als sie von Genua verkauft wurde. Seit langem gibt es auf Korsika Unabhängigkeitsbestrebungen. Ziel der Separatisten ist ein ***selbstständiger Staat.*** Die Insel liegt im Tyrrhenischen Meer und ist 180 km von der französischen Küste bei Nizza entfernt. Zum Festland ***Italiens*** sind es im Süden nur 12 km.

11

Der südliche Nachbar Österreichs heißt nicht mehr Jugoslawien, das 1991/92 zerfiel, sondern ***Slowenien,*** das unabhängig wurde. Auch die ehemalige ***Tschechoslowakei,*** der einstige nordöstliche Nachbar Österreichs, zerfiel, und zwar in Tschechien und in die ***Slowakei,*** die 1993 ihre Selbstständigkeit erklärte.

12

Die ***Maritza*** ist ein Fluss auf der Balkanhalbinsel, der im Süden zunächst die Grenze zwischen Bulgarien und Griechenland und dann zwischen der Türkei und Griechenland bildet. In Griechenland heißt die Maritza Evros, in der Türkei Meriç. Der Fluss entspringt im ***Rilagebirge*** in Bulgarien und durchfließt dort die ***Oberthrakische Tiefebene.***

Frage

13

Wie heißt das östliche Grenzgebirge zwischen Griechenland und Bulgarien?

- *Pirin*
- *Balkan*
- *Rhodopen*

14

Welcher dieser Staaten gehört geografisch nicht zu Osteuropa?

- *Weißrussland*
- *Moldawien*
- *Ungarn*

15

Welches Gebiet gehört heute zur Ukraine?

- *Transkarpatien*
- *Transdanubien*
- *Transsilvanien*

16

Welche Staatsform hat San Marino?

- *Fürstentum*
- *Republik*
- *Königreich*

Antwort

13

Die waldreichen ***Rhodopen*** bilden die östliche Grenze Südbulgariens zu Nordgriechenland. Etwa 80 % des Gebirges mit über 2000 m hohen Gipfeln liegen auf dem Gebiet Bulgariens. Im äußersten Südwesten Bulgariens erstreckt sich das ***Piringebirge*** und grenzt ebenfalls an Griechenland. Das Pirin, ein Ausläufer des ***Balkans,*** ist ein Hochgebirge mit alpinem Charakter.

14

Ungarn gehört geografisch nicht zu Osteuropa und liegt im Osten Mitteleuropas. Zum Westen Osteuropas gehört hingegen ***Moldawien.*** Auch ***Weißrussland*** ist ein osteuropäischer Staat und von Polen, der Ukraine, Russland, Litauen und von Lettland im Norden begrenzt.

15

Transkarpatien heißt das Gebiet auf der Südabdachung der Waldkarpaten und liegt heute auf dem Territorium der Ukraine. Es gehörte bis 1919 zu Ungarn, danach zur CSR und wurde 1946 der Sowjetunion angegliedert. Das westlich und südlich der Donau gelegene Gebiet in Ungarn heißt ***Transdanubien. Transsilvanien*** ist die ältere Bezeichnung von Siebenbürgen, das im geografischen Zentrum Rumäniens liegt.

16

Der Kleinstaat San Marino ist die älteste ***Republik*** der Welt und wurde schon im Jahr 301 gegründet. Es unterscheidet sich von anderen europäischen Kleinstaaten, wie Monaco, Liechtenstein oder Andorra, die ***Fürstentümer*** sind. Die freie Republik wollte 1861 auch nicht dem vereinten ***Königreich*** Italien, von dem es umschlossen ist, beitreten und blieb bis heute autonom. San Marino ist kein Stadtstaat, sondern besteht aus mehreren Gemeinden.

Frage

17

Von welchem Land löste sich Belgien 1831 und wurde ein selbstständiger Staat?

- *Österreich*
- *Niederlande*
- *Frankreich*

18

Welches war die letzte Besatzungsmacht der Insel Malta?

- *Sizilien*
- *Großbritannien*
- *Frankreich*

19

Zu welchem Staat gehört Grönland?

- *Kanada*
- *Island*
- *Dänemark*

20

Welcher ist der flächenmäßig größte Staat Afrikas?

- *Nigeria*
- *Kongo*
- *Sudan*

Antwort

17

Belgien ist ein relativ junger Nationalstaat. 1831 errang es seine Unabhängigkeit von den ***Niederlanden,*** und Prinz Leopold aus dem Hause Sachsen-Coburg wurde zum König der Belgier gewählt. Das Gebiet Belgiens kam im Spanischen Erbfolgekrieg an die ***österreichischen*** Habsburger, wurde nach kurzer Unabhängigkeit von ***Frankreich*** besetzt und nach dem Wiener Kongress von 1815 Teil der neu entstandenen Vereinigten Niederlande.

18

Malta ist ein Inselstaat im Mittelmeer und seit 2004 als autonomer Staat Mitglied der EU. Erst 1964 wurde Malta von ***Großbritannien*** unabhängig. Die strategisch wichtigen Inseln waren in ihrer Geschichte von vielen Mächten besetzt, von Arabern, von ***Sizilien,*** das es an den Johanniterorden abgab (daher dessen Name Malteser), es folgten ***Frankreich*** und schließlich Großbritannien.

19

Grönland ist die größte Insel der Erde. Politisch ist es autonomer Bestandteil des Königreichs ***Dänemark,*** strebt aber seine vollständige Unabhängigkeit an, wie sie ***Island*** als selbstständiger Staat hat. Die Insel Grönland gehört geografisch zu Nordamerika und wird durch die Davisstraße von ***Kanada*** getrennt.

20

Das flächenmäßig größte Land Afrikas ist der ***Sudan,*** der mit 2,5 Millionen km^2 etwa siebenmal so groß wie Deutschland ist. Algerien folgt mit knapp 2,4 Millionen km^2. Die Demokratische Republik ***Kongo*** ist mit etwa 2,3 Millionen km^2 das drittgrößte Land Afrikas. ***Nigeria*** ist „nur" 1 Million km^2 groß, aber der bevölkerungsreichste Staat Afrikas.

Frage

21

Zu welchem Land gehört die Ostspitze Afrikas?

- *Somalia*
- *Äthiopien*
- *Dschibuti*

22

Wie heißt das afrikanische Königreich, das vollständig von südafrikanischem Territorium umgeben ist?

- *Swasiland*
- *Botswana*
- *Lesotho*

23

Welches Gebiet in Afrika war eine ehemalige belgische Kolonie?

- *Burundi*
- *Malawi*
- *Niger*

24

Welches dieser afrikanischen Länder war keine portugiesische Kolonie?

- *Guinea*
- *Togo*
- *Angola*

Antwort

21

Das Kap Guardafui in ***Somalia*** bildet die äußerste Ostspitze des afrikanischen Kontinents am Horn von Afrika, dessen Fläche sich auch mit der Somali-Halbinsel zwischen dem Golf von Aden im Norden und der Küste des Indischen Ozeans im Osten deckt. Am Horn von Afrika liegen auch ***Äthiopien*** und die kleinen Staaten Eritrea und ***Dschibuti.***

22

Das kleine ***Lesotho*** ist vollständig vom Territorium Südafrikas umgeben. Die ehemalige britische Kolonie wurde 1966 als Königreich innerhalb des Commonwealth unabhängig. Auch das kleine ***Swasiland*** ist ein Binnenland inmitten von Südafrika und grenzt nur im Nordosten an Mosambik. Es wurde 1968 von Großbritannien unabhängig und wird ebenfalls von einem König regiert. ***Botswana*** grenzt im Südosten an Südafrika.

23

Burundi war bis 1962 belgische Kolonie. Auch Ruanda und die heutige Demokratische Republik Kongo errangen 1962 ihre Unabhängigkeit von der belgischen Kolonialmacht. Afrika war unter europäischen Kolonialmächten aufgeteilt. Frankreich besaß u. a. Algerien, Mali oder ***Niger,*** Großbritannien den Sudan, Kenia und u. a. auch ***Malawi.***

24

In den 1880er-Jahren lieferten sich die Europäer – Großbritannien, Frankreich, Portugal, Belgien und Deutschland einen Wettlauf um die Kontrolle über Afrika. Das Deutsche Reich verleibte sich neben Südwestafrika und Ostafrika auch Kamerun und ***Togo*** ein. ***Guinea*** war neben Mosambik und ***Angola*** eine der portugiesischen Kolonien. Erst nach dem Sturz der Diktatur in Portugal 1972 konnten diese Länder ihre Unabhängigkeit erringen.

Frage

25

In welchem Land Afrikas wurden die von Weißen betriebenen Farmen bereits enteignet und an Schwarzafrikaner übergeben?

- *Südafrika*
- *Namibia*
- *Simbabwe*

26

Welcher afrikanische Staat war einst das Zentrum des Sklavenhandels?

- *Angola*
- *Benin*
- *Curaçao*

27

Welches afrikanische Land wurde 1936 von Italien überfallen?

- *Eritrea*
- *Äthiopien*
- *Sudan*

28

Welches ist der kleinste Staat Asiens?

- *Malediven*
- *Singapur*
- *Bahrain*

Antwort

25

In ***Simbabwe*** wurden weiße Farmer enteignet und das Land an Schwarzafrikaner zurückgegeben. In ***Südafrika*** gehören noch die meisten, etwa 35 000 kommerziell betriebenen Farmen Weißen. Auch in ***Namibia*** hat eine Landreform begonnen, nach der Land an Schwarzafrikaner rückübertragen werden soll.

26

Der afrikanische Staat ***Benin*** war einst das Zentrum des afrikanischen Sklavenhandels. Von hier wurden die Menschen in die Neue Welt verschifft. Die holländische Insel ***Curaçao*** vor der Küste Venezuelas war der Hauptsklavenmarkt nach der Überfahrt. Afrika litt unendlich unter dieser Tragödie. So ist ***Angolas*** relativ geringe Bevölkerungsdichte noch auf den Menschenraub zurückzuführen, der bis ins 19. Jahrhundert anhielt.

27

Äthiopien wurde 1936 von der Armee Mussolinis überfallen und hatte bis 1947 unter italienischer Zwangsherrschaft zu leiden. Das Land war in der Antike eines der bedeutendsten Weltreiche, zu dem auch Teile des heutigen ***Sudan*** gehörten. Äthiopien musste sich schon im 19. Jahrhundert gegen die Einflussnahme Italiens und seiner Kolonie ***Eritrea*** wehren.

28

Die ***Malediven,*** ein aus vielen Inseln und Atollen bestehender Inselstaat im Indischen Ozean ist mit seiner Fläche von gerade 298 km^2 der kleinste Staat Asiens. Der zweitkleinste Staat in Südostasien ist die nur 682 km^2 große Republik ***Singapur*** mit über vier Millionen Einwohnern. Das kleine Königreich ***Bahrain*** in Vorderasien hat eine Fläche von 711 km^2 und gelangte durch seine Erdölvorkommen zu immensem Wohlstand.

Frage

29

Welches Gebiet wurde zuletzt als Sonderverwaltungszone in die Volksrepublik China integriert?

- *Hongkong*
- *Macao*
- *Tibet*

30

Welches ist der zweitgrößte Inselstaat der Welt?

- *Indonesien*
- *Japan*
- *Madagaskar*

31

Welcher dieser Staaten gehört zu den sogenannten Pantherstaaten?

- *Taiwan*
- *Südkorea*
- *Indonesien*

32

Wie lautete der frühere Name von Taiwan?

- *Formosa*
- *Siam*
- *Funan*

Antwort

29

Die portugiesische Kolonie ***Macao*** wurde 1999 Sonderverwaltungszone nach dem Prinzip „ein Land, zwei Systeme". Dies gewährleistete das Weiterbestehen des marktwirtschaftlichen Systems innerhalb der kommunistischen Gesellschaftsform Chinas. Diesen Status bekam 1997 die ehemalige britische Kronkolonie ***Hongkong. Tibet*** wurde 1951 annektiert und ist Verwaltungsgebiet Chinas.

30

Madagaskar ist der zweitgrößte Inselstaat und die viertgrößte Insel der Welt. Im Indischen Ozean gelegen, nimmt Madagaskar eine Fläche von 587 041 km^2 ein. Gefolgt wird Madagaskar von ***Japan,*** dem drittgrößten Inselstaat. Der größte Inselstaat ist ***Indonesien*** mit einer Fläche von 1 919 317 km^2. Bezüglich der Fläche und Einwohnerzahl ist Indonesien auch der größte Staat Südostasiens.

31

Thailand, ***Indonesien,*** Malaysia und die Philippinen zeigen ein rasches wirtschaftliches Wachstumstempo und werden daher Pantherstaaten genannt. Der Name entstand in Analogie zu den Tigerstaaten. So werden die ostasiatischen Industrienationen genannt, die sich mit einem enormen Entwicklungstempo von Schwellenländern zu Industrieländern entwickelt haben und diese Hürde wie „ein Tiger zum Sprung" nahmen. Zu ihnen gehören ***Taiwan, Südkorea,*** Singapur und Hongkong.

32

Taiwan trug früher den aus dem Portugiesischen stammenden Namen ***Formosa.*** Thailand hieß bis 1939 und noch einmal von 1946 bis 1949 ***Siam.*** Viele heutige Staaten und Gebiete hatten einst andere Namen, so hieß das erste größere Reich in Südostasien ***Funan*** oder die Insel Borneo Kalimantan.

Frage

33

Welches Gebiet gehört seit 1961 wieder zu Indien?

- *Goa*
- *Kaschmir*
- *Punjab*

34

Welches Land gab erst Mitte des 19. Jahrhunderts seine völlige Abschottung gegenüber dem Ausland auf?

- *Japan*
- *Tibet*
- *China*

35

Wo liegt Babylon?

- *Euphrat*
- *Tigris*
- *Persischer Golf*

36

Welcher südostasiatische Staat heißt offiziell Myanmar?

- *Birma*
- *Ceylon*
- *Bhutan*

Antwort

33

Das seit 1510 zu Portugal gehörende ***Goa*** wurde von Indien 1961 zurückerobert. Nach der Unabhängigkeit Indiens wurden im Nordwesten der ***Punjab*** und im Nordosten Bengalen abgeteilt und zu West- und Ostpakistan. 1947 wurde auch ***Kaschmir*** in eine Nord- und eine Südhälfte geteilt und gehört seither zu Indien und Pakistan, was Grund für schwere Konflikte bietet.

34

Japan hatte sich seit dem Beginn des 17. Jahrhunderts völlig gegenüber dem Ausland abgeschottet. Erst nach 250 Jahren gab es die Isolation auf. Von der Außenwelt ist das von China annektierte ***Tibet*** abgeschnitten, und dies nicht nur wegen seiner natürlicher Gegebenheiten. Heute führt von ***China*** nach Tibet eine Zugstrecke, der erste große Verkehrsweg in dieser Region.

35

Die irakische Ruinenstadt Babylon, in der Bibel als Babel erwähnt, wurde im letzten Irakkrieg schwer beschädigt. Die Stadt ***am Euphrat*** war eine der mächtigsten Städte in der Antike und Zentrum des Babylonischen Reiches. Dieses bestand von 1900 v. Chr. bis 539 v. Chr. zwischen Euphrat und ***Tigris,*** zwischen dem heutigen Bagdad, das am Mittellauf des Tigris liegt, und dem ***Persischen Golf.***

36

Myanmar ist die offizielle und landessprachliche Bezeichnung des hinterindischen Staates ***Birma,*** englisch auch Burma genannt. In dem Vielvölkerstaat leben ca. 54 Millionen Einwohner. Der Regierungssitz wurde 2005 von Rangun nach Pyinmana, eine für Zivilisten und Ausländer gesperrte Stadt, verlegt. Sri Lanka hieß bis 1972 ***Ceylon.*** Druk Yul (Drachenreich) ist der offizielle Name des Königreichs ***Bhutan*** im östlichen Himalaja.

Frage

37

Welcher Staat ist die kleinste Monarchie der Welt?

- *Tuvalu*
- *Swasiland*
- *Nauru*

38

Welches lateinamerikanische Land gehörte nicht zu Großkolumbien?

- *Peru*
- *Ecuador*
- *Venezuela*

39

Wie heißt der kleinste Staat auf der Halbinsel Yucatán?

- *Belize*
- *Guatemala*
- *Honduras*

40

Welcher südamerikanische Staat hieß einst Oberperu?

- *Bolivien*
- *Kolumbien*
- *Neugranada*

Antwort

37

Tuvalu, eine Insel im Pazifik, ist mit nur 26 km^2 Fläche die kleinste Monarchie der Welt und auch anderweitig Rekordhalter: Es hat die meisten fettleibigen Einwohner und die höchste Diabetesrate weltweit. ***Swasiland*** ist die kleinste Monarchie in Afrika und verzeichnet eine traurige Bilanz: Es hat die weltweit höchste Rate von HIV-Infizierten. ***Nauru,*** eine Insel Mikronesiens, ist mit einer Fläche von 21,3 km^2 die kleinste Republik der Welt.

38

Peru gehörte zum gleichnamigen spanischen Vizekönigreich, das auf seinem Höhepunkt von Panama bis zum äußersten Süden des Kontinents reichte und 1821 unabhängig wurde. Schon 1813 entstand unter Bolívar Großkolumbien aus den Ländern Panama, ***Ecuador,*** Kolumbien und ***Venezuela,*** die ebenfalls spanischer Kolonialbesitz waren.

39

Der Norden der Halbinsel Yucatán gehört zu Mexiko. Auf dem südlichen Teil liegen das kleine *Belize,* das bis zu seiner Unabhängigkeit 1973 Britisch-Honduras hieß, sowie der nördliche Teil von ***Guatemala.*** Mit ***Honduras,*** an der breitesten Stelle der mittelamerikanischen Landbrücke gelegen, hatte Britisch-Honduras aber nicht einmal eine gemeinsame Grenze.

40

Bevor **Bolivien** seinen jetzigen Namen in Anlehnung an seinen einstigen Präsidenten Simón Bolívar erhielt, hieß es Oberperu. ***Neugranada*** war ein spanisches Vizekönigreich, zu dem ***Kolumbien,*** Venezuela, Panama und Ecuador gehörten. Es war neben Neuspanien, Peru und Rio de la Plata eines der vier spanischen Vizekönigreiche, die bis zum Beginn des 19. Jahrhunderts bestanden.

Frage

41

Zu welchem Staat gehört der südlichste Punkt Südamerikas?

- *Chile*
- *Argentinien*
- *Großbritannien*

42

Zu welchem Staat gehörte Louisiana bis 1803?

- *Mexiko*
- *USA*
- *Frankreich*

43

Wo liegt der sogenannte Four Corner Point?

- *Mexiko*
- *Colorado Plateau*
- *Kalifornien*

44

Welches Gebiet wurde 1667 von den Niederlanden gegen das heutige Surinam und Guyana abgetreten?

- *Neu-Amsterdam*
- *Niederländisch-Guayana*
- *New York*

Antwort

41

Der südlichste Punkt Südamerikas ist das Kap Hoorn und gehört zu ***Chile.*** Feuerland ist die südlichste größere Insel des Kontinents. Ihr westlicher Teil gehört zu Chile, der östliche zu ***Argentinien.*** Die 600 bis 800 km östlich vor der Südspitze Südamerikas liegenden britischen Falklandinseln wurden 1982 von Argentinien besetzt und im Falklandkrieg von ***Großbritannien*** zurückerobert.

42

Der Louisiana-Purchase, in dem auch der heutige Bundesstaat Louisiana liegt, gehörte ***Frankreich,*** bis ihn im Jahr 1803 die ***USA*** abgekauft haben, die damit ihr damaliges Territoriums mehr als verdoppelten. Für die Siedler war damit der Weg nach Westen freigemacht. Das ehemalige französische Gebiet reicht von Kanada bis an den Golf von ***Mexiko.***

43

Als „Four Corners Point" wird der Ort in der Indianerreservation auf dem ***Colorado-Plateau*** bezeichnet, an dem vier US-Bundesstaaten, nämlich Arizona, Colorado, New Mexico und Utah, aufeinandertreffen. Er ist mit einem Denkmal, dem „Four Corners Monument", markiert. Die erste dauerhafte Kennzeichnung wurde hier 1912 angebracht, als New Mexico und Arizona zum 47. und 48. Bundesstaat der USA wurden. Bis zur Mitte des 19. Jahrhunderts gehörten diese Gebiete sowie Teile Nevadas und ***Kaliforniens*** ganz oder teilweise zu ***Mexiko.***

44

Nach dem Frieden von Breda im Jahr 1667 traten die Niederländer ihr Gebiet ***Neu-Amsterdam*** an der Atlantikküste Nordamerikas an die Briten ab. Diese tauften es in ***New York*** um. Im Gegenzug erhielten sie die britische Kolonie Surinam, die sie ***Niederländisch-Guayana*** nannten.

Frage

45

Welches Land beherrschte bis 1867 Alaska?

- *USA*
- *Russland*
- *Kanada*

46

Wie heißt das kanadische Territorium, auf dem die Inuit Autonomierechte genießen?

- *Northwest Territories*
- *Nunavut Territory*
- *Grönland*

47

Welcher dieser Staaten ist heute nicht mehr Mitglieder der 1960 in Stockholm gegründeten EFTA, der European Free Trade Association?

- *Großbritannien*
- *Island*
- *Liechtenstein*

48

Welches Land gehört nicht zur EU?

- *Rumänien*
- *Slowakei*
- *Grönland*

Antwort

45

Alaska, das 1648 von aus dem Osten kommenden russischen Seefahrern entdeckt wurde, war die einzige überseeische Kolonie ***Russlands,*** bis der Zar diese 1867 für 7,2 Millionen Dollar an die ***USA*** verkaufte. Das Gebiet des heutigen ***Kanada*** und überhaupt alle anderen Gebiete Nord- und Südamerikas wurden von Europa aus entdeckt.

46

Das 350 000 km^2 große ***Nunavut Territory*** in Kanada ging 1999 an die Inuit über. Es umfasst den östlichen Teil der ***Northwest Territories*** und reicht über große Teile des Kanadisch-Arktischen Archipels bis nach ***Grönland.*** Die Inuit erhielten im gesamten Gebiet die Jagd- und Fischereirechte sowie für einen Teil die Schürfrechte für die Bodenschätze.

47

Großbritannien, das die Gründung der europäischen Freihandelszone EFTA gemeinsam mit Österreich, der Schweiz, Schweden, Dänemark, Norwegen und Portugal als Reaktion auf die zwei Jahre zuvor gegründete EWG initiiert hatte, ist seit seinem Beitritt zur EU nicht mehr Mitglied dieser Organisation. Heute sind nur noch ***Island,*** Norwegen, ***Liechtenstein*** und die Schweiz Mitglieder.

48

Grönland – autonomer Teil Dänemarks – trat 1985 nach einer Volksabstimmung aus der Europäischen Gemeinschaft aus. Ein Grund dafür war, dass Grönland mehr Rechte bei der Fischerei in seinen Gewässern und bei der Suche nach Bodenschätzen beanspruchte. Die junge Republik ***Slowakei,*** die sich aus der Tschechoslowakei herauslöste und 1993 ein souveräner Staat wurde, ist seit 2004 Mitglied der EU. ***Rumänien*** wurde zusammen mit Bulgarien am 1. Januar 2007 Mitglied der EU.

Frage

1

Welchen Anteil am globalen Wasserverbrauch des Menschen hat die Landwirtschaft?

- *69%*
- *88%*
- *33%*

2

Welches Land bewässert die meisten Flächen für die Landwirtschaft?

- *Indien*
- *China*
- *USA*

3

Woher stammt die Kaffeepflanze?

- *Äthiopien*
- *Brasilien*
- *Arabien*

4

Welches Land ist der größte Weizenproduzent der Welt?

- *USA*
- *China*
- *Kanada*

Antwort

1

Im Wasserverbrauch steht die Landwirtschaft mit ***69 %*** an der Spitze. Auf Haushalte entfallen davon gerade 8 %, die Industrie verbraucht 23 % des Wassers. Je nach Klimazone und Kontinent verschieben sich allerdings die Verhältnisse. So werden im agrarisch geprägten Afrika von der Landwirtschaft sogar ***88 %*** der Wasserreserven benötigt, in Europa sind es dagegen nur ***33 %,*** dafür ist der Wasserbedarf der Industrie hier wesentlich höher.

2

Die größten künstlich bewässerten Landwirtschaftsflächen liegen in Asien. Den größten Anteil davon hat ***China.*** Hier werden etwa 50 Millionen Hektar Land bewässert. Wenig darunter liegt ***Indien*** mit immerhin etwa 46 Millionen Hektar. Dagegen werden in den ***USA*** „nur" ungefähr 20,3 Millionen Hektar Fläche bewässert.

3

Die ursprüngliche Heimat der Kaffeepflanze ist das Bergland von Kaffa im Südwesten von ***Äthiopien.*** Das Land nimmt heute aber nur den neunten Rang der Kaffeeproduzenten ein. Im 14. Jahrhundert gelangte der Kaffee nach ***Arabien,*** das dann lange Zeit sein Hauptanbaugebiet war. Handelszentrum war die Hafenstadt Mokka. Im Jahr 1727 kam der erste Kaffeestrauch nach ***Brasilien.*** Heute ist das Land der weltweit größte Kaffeeproduzent.

4

China ist der weltgrößte Weizenproduzent, gefolgt von Indien. Die ***USA*** liegen nach Indien auf Platz drei, ***Kanada*** auf Platz sechs. Der Ursprung des Weizenanbaus war 7800 bis 5200 v. Chr. im Vorderen Orient. Weizen wird auf allen Kontinenten angebaut und ist in vielen Ländern eines der wichtigsten Grundnahrungsmittel, ebenso hat er für die Tiermast große Bedeutung.

Frage

5

Welches ist das weltweit am meisten produzierte Getreide?

- *Mais*
- *Reis*
- *Weizen*

6

Welches dieser deutschen Weinbaugebiete ist berühmt für seinen Riesling?

- *Ahr*
- *Rheingau*
- *Württemberg*

7

Welches Land ist der größte Wollerzeuger der Welt?

- *Australien*
- *Großbritannien*
- *Neuseeland*

8

Welches Land ist der größte Zuchtlachsproduzent der Erde?

- *Norwegen*
- *Kanada*
- *Chile*

Antwort

5

Der ***Mais*** ist das weltweit am meisten produzierte Getreide. Mit einer Jahresproduktion von 701,7 Millionen Tonnen liegt er vor dem ***Weizen*** (629,6 Millionen Tonnen) und dem ***Reis*** (618,4 Millionen Tonnen). In vielen Ländern, besonders auf der südlichen Erdhalbkugel, ist Mais ein Grundnahrungsmittel. In den Industrieländern wird er zum Großteil als Tierfutter angebaut.

6

In den deutschen Weinbaugebieten werden hauptsächlich Weißweinsorten angebaut. Weine aus dem ***Rheingau,*** insbesondere der Rheingauer Riesling, genießen einen Spitzenruf in aller Welt. In ***Württemberg*** wird mit 57 % mehr Rotwein als Weißwein erzeugt. Ein weiteres wichtiges Anbaugebiet für Rotwein liegt an der ***Ahr.*** Es ist eines der nördlichsten Weinbaugebiete Deutschlands.

7

Weltweit wird in ***Australien*** mit etwa 100 Millionen Hausschafen die meiste Wolle erzeugt. Auch in ***Neuseeland*** gibt es intensive Schafhaltung. In der weltweiten Wollproduktion liegt es an zweiter Stelle, gefolgt von China und Russland. Traditionell ist ***Großbritannien,*** wo seit der Römerzeit intensiv Schafweidewirtschaft betrieben wird, einer der wichtigsten europäischen Wollerzeuger.

8

Norwegen ist weltweit der größte Zuchtlachsproduzent. Aber die Zuchtanstalten vor der Küste ***Chiles,*** die durch den Humboldtstrom begünstigt werden, stehen kurz davor Norwegen den Rang abzulaufen. In ***Kanada*** wurde der einst sehr reiche Bestand an Wildlachs durch Überfischung sowie durch Wasserkraftanlagen stark dezimiert.

Frage

9

Welches Land ist bei der Stromerzeugung aus Windenergie Spitzenreiter?

- *Dänemark*
- *Deutschland*
- *Spanien*

10

In welchem Land wird am meisten Ethanol aus Zuckerrohr gewonnen?

- *USA*
- *Kolumbien*
- *Brasilien*

11

Welches Land fördert am stärksten den fossilen Brennstoff Braunkohle?

- *China*
- *USA*
- *Deutschland*

12

Welcher Staat auf der Insel Borneo ist wegen seiner Erdölvorräte eines der reichsten Länder Asiens?

- *Indonesien*
- *Brunei*
- *Malaysia*

Antwort

9

Deutschland liegt bei der Nutzung der Windenergie mit 20 622 MW weltweit an der Spitze, gefolgt von ***Spanien,*** den USA und Indien. ***Dänemark*** verzeichnet mit ca. 20 % den größten Anteil von Windenergie an der gesamten Stromerzeugung eines Landes. In Deutschland ist die Windkraft vor der Wasserkraft die wichtigste erneuerbare Energie. In Ostfriesland deckt die Windenergie über 70 % des gesamten Stromverbrauchs.

10

Brasilien ist heute weltgrößter Produzent und Lieferant von Ethanol, einem aus Zuckerrohr gewonnenen Alkohol, der u. a. auch zum Betrieb von Motoren genutzt wird, worauf Brasilien schon seit den 1970er-Jahren setzt. In den ***USA*** steigt die Nachfrage nach mit Ethanol angereichertem Kraftstoff stetig. In ***Kolumbien*** wurde 2002 ein Programm zur Kraftstoffgewinnung bzw. -anreicherung mit Ethanol aus Zuckerrohr verabschiedet.

11

Deutschland liegt an erster Stelle und fördert rund 180 000 t Braunkohle jährlich. Zweitgrößter Braunkohleförderer sind die ***USA*** mit rund 75 750 t, gefolgt von Griechenland und Russland. ***China*** liegt mit der Braunkohleförderung auf Platz sieben, ist aber größtes Steinkohleförderland.

12

Die Wirtschaft des Sultanats ***Brunei*** an der Nordwestküste Borneos profitiert von den Erdgas- und Erdölvorkommen, die ihm eines der höchsten Bruttosozialeinkommen Asiens bescheren. Von der 754 770 km² großen Insel Borneo gehört die größte Fläche zu ***Indonesien,*** der zweitgrößte Anteil zu ***Malaysia.*** Auch diese Staaten profitieren von der Förderung von Flüssigerdgas und Erdöl.

Frage

13

Welches Erz wurde im Erzgebirge noch bis 1990 gefördert?

- *Silbererz*
- *Wismuterz*
- *Uranerz*

14

Wo liegt der größte Kupfererztagebau der Welt?

- *Chile*
- *China*
- *Indonesien*

15

Welches dieser genannten afrikanischen Länder fördert die meisten Diamanten?

- *Angola*
- *Botswana*
- *Sierra Leone*

16

Nach welchem dieser Exportgüter wird kein wirkliches Land benannt?

- *Bananen*
- *Gold*
- *Elfenbein*

Antwort

13

Ab 1946 entwickelte sich die SAG Wismut zum weltweit drittgrößten Produzenten von ***Uranerz,*** bis der Abbau 1990 eingestellt wurde. Der Firmenname hat nichts mit dem ***Wismuterz*** zu tun. Der Uranerzbergbau wurde unter sowjetischer Verwaltung und Beteiligung betrieben. Begonnen hat der erzgebirgische Bergbau im 12. Jahrhundert mit ***Silbererz.***

14

Chile ist weltweit das wichtigste Förderland von Kupfer. Hier lagern rund 40 % der Weltvorräte an Kupfer. Im Norden des Landes liegt in 3000 m Höhe der größte Kupfertagebau der Welt. Als Kupferproduzent hat ***Indonesien*** enorm zugelegt und steht heute nach den USA an dritter Stelle. Einer der größten Kupferimporteure ist ***China.***

15

Als drittgrößter Diamantenproduzent der Erde fördert ***Botswana*** jährlich fast ein Drittel aller Diamanten. In Afrika ist der Diamanthandel in Verruf geraten, weil in manchen Konfliktgebieten Rebellenarmeen und Invasionstruppen mit meist illegal geförderten Diamanten finanziert werden, so im Kongo, in ***Angola*** oder in ***Sierra Leone.***

16

Als „Bananenrepublik" wird abwertend ein korruptes Land mit chaotischen Verhältnissen genannt, in Anlehnung daran, dass manche armen Länder hauptsächlich vom Export von ***Bananen*** lebten. Die Elfenbeinküste wurde einst nach ihrem wichtigsten Exportprodukt, dem ***Elfenbein*** benannt. Seit 1989 ist der Handel mit Elfenbein verboten. ***Gold*** wurde schon in vorkolonialer Zeit an der westafrikanischen Küste verschifft. Die Briten nannten ihre einstige Kolonie, das heutige Ghana, Goldküste.

Frage

17

Welches ist das amerikanische Zentrum des Automobilbaus im Gebiet der Großen Seen?

- *Cleveland*
- *Chicago*
- *Detroit*

18

Welches ist der wichtigste Wirtschaftszweig Tschechiens?

- *Fahrzeugbau*
- *Brauereiwesen*
- *Metallurgie*

19

In welchem Land wurde das weltweit am meisten nachgebaute Auto entwickelt?

- *Deutschland*
- *Frankreich*
- *Italien*

20

Welche dieser Devisenquellen Ägyptens ist die bedeutendste?

- *Baumwolle*
- *Industrie*
- *Durchfahrtsgebühren für den Sueskanal*

Antwort

17

Detroit ist weltweit das größte Zentrum der Automobilindustrie. In seiner Umgebung sind die „Big Three" der Automobilindustrie ansässig: Ford, General Motors und Chrysler. ***Cleveland*** ist ein wichtiger Standort der Schwerindustrie der USA. ***Chicago*** ist eines der bedeutendsten Handelszentren der Welt.

18

Tschechien ist ein traditioneller Standort des ***Fahrzeugbaus.*** Besonders in den letzten Jahren wurde dieser kräftig ausgebaut. Wichtiger Fahrzeugproduzent sind die Skoda-Werke. Einen großen Stellenwert hat auch die ***Metallurgie,*** welche die Maschinenbaubetriebe versorgt. Berühmt ist das Land auch für seine ***Brauereien.***

19

Aus ***Italien*** stammt der Fiat 124. In Lizenz wurde er auch in Spanien als Seat 124, in Russland als Shiguli und in der Türkei als Tofas produziert. In Indien läuft er noch heute als Premier vom Band. Polen hatte den Fiat 125 als Polski Fiat nachgebaut. Der Fiat überholte in seiner Verbreitung noch den in ***Deutschland*** und Mexiko produzierten VW Käfer. In ***Frankreich*** werden unter der Marke Peugeot die europaweit mit am meisten verkauften PKWs produziert.

20

Die ***Durchfahrtsgebühren für den Sueskanal*** von jährlich 2 Milliarden Dollar sind eine der wichtigsten Deviseneinnahmequellen der ägyptischen Volkswirtschaft. In der Landwirtschaft Ägyptens, die im Delta und am Flusslauf des Nils und in einigen Oasen betrieben wird, sind heute 35 % der Bevölkerung tätig. ***Baumwolle*** ist dabei das wichtigste Anbau- und Ausfuhrprodukt. Gegenwärtig wachsen neue Industriestädte in der Wüste, Hoffnungsträger für eine moderne ***Industrie.***

Frage

21

Welches ist der größte Hafen der Welt?

- *Rotterdam*
- *Shanghai*
- *Singapur*

22

Wo befindet sich der größte Binnenhafen der Welt?

- *Duisburg*
- *Hamburg*
- *Antwerpen*

23

Welches Land hat die am höchsten gelegene Eisenbahnstrecke der Welt?

- *Peru*
- *China*
- *Schweiz*

24

Welches ist die längste Eisenbahnstrecke der Welt?

- *New York–Sacramento (USA)*
- *Transsibirische Eisenbahn (Russland)*
- *Baikal-Amur-Magistrale (Russland)*

Antwort

21

Die meisten Häfen mit dem größten Warenumschlag hat China, und der größte Hafen der Welt ist der von ***Shanghai.*** Gemessen am Handelsvolumen ist der Hafen von ***Singapur*** der zweitgrößte Hafen der Welt. Der niederländische Hafen von ***Rotterdam*** ist der größte Seehafen Europas und liegt auf der Liste der größten Häfen der Welt auf Platz drei.

22

Duisburg besitzt den größten Binnenhafen der Welt. Das Hafengelände mit 21 Hafenbecken erstreckt sich über 10 000 Hektar. Der Hafen hat eine ideale Verbindung zu den in der Nähe liegenden großen Industrieregionen und auch zu den großen Seehäfen, wie ***Hamburg,*** Rotterdam oder ***Antwerpen.***

23

China baute die höchstgelegene Eisenbahnstrecke, die seit 2006 nach Lhasa führt. Der Scheitelpunkt der Strecke befindet sich in 5072 m Höhe, 965 Streckenkilometer liegen über 4000 m. Europas höchste Eisenbahnstrecke befährt der Bernina-Gletscher-Express in der ***Schweiz,*** der bis auf 2256 m Höhe fährt. In Südamerika hält die 1876 gebaute Andenbahn in ***Peru*** mit dem auf 4781 m hoch gelegenen Bahnhof Galera den Höhenrekord.

24

Die ***Transsibirische Eisenbahn*** ist die längste Eisenbahnstrecke weltweit. Sie führt von Moskau bis nach Wladiwostok im Fernen Osten und ist 9288 km lang. In Russland gibt es seit 1989 nördlich der Strecke noch die 3100 km lange ***Baikal-Amur-Magistrale*** (BAM). In den USA wurde im Jahr 1869 die Strecke ***New York–Sacramento*** eröffnet, mit der eine Verbindung vom Atlantik zum Pazifik geschaffen wurde.

Frage

25

Welcher dieser Orte liegt nicht auf der Gewürzroute?

- *Molukken*
- *Petra*
- *Lissabon*

26

Welche Straße der USA verband als erste die Atlantik- und die Pazifikküste?

- *Panamericana*
- *Route 66*
- *Lincoln Highway*

27

Wie heißt der höchste befahrbare Alpenübergang?

- *Brenner*
- *Stilfserjoch*
- *Col de l'Iseran*

28

Welches ist derzeit der längste Eisenbahntunnel der Welt?

- *Gotthard-Basistunnel*
- *Eurotunnel*
- *Seikan-Tunnel*

Antwort

25

Die jordanische Stadt ***Petra*** war eine wichtige Station an der Weihrauchstraße, einer für den Asienhandel wichtigen Überlandroute. Im 15. Jahrhundert haben portugiesische Entdecker den Seeweg von ***Lissabon*** nach Indien zu den ***Molukken,*** den Gewürzinseln Hinterindiens – daher auch der Name Gewürzroute – erschlossen.

26

Der ***Lincoln Highway,*** ab 1913 geplant, führt von der Atlantik- zur Pazifikküste der USA. Die fast 4000 km lange ***Route 66*** war 1926 die erste durchgehende Straße von Chicago nach Los Angeles. Entlang der Pazifikküste verbindet ein System von Schnellstraßen, die ***Panamericana,*** Alaska mit Feuerland. Ein Teil davon ist der legendäre Highway Nr. 1 in Kalifornien.

27

Der höchste befahrbare Alpenübergang, der ***Col de l'Iseran,*** liegt in Frankreich, in den Savoyer Alpen auf 2777 m Höhe. Der zweithöchste Alpenpass ist das ***Stilfserjoch*** mit einer Passhöhe von 2757 m zwischen der Lombardei und dem Vinschgau in Südtirol. Der Grenzpass auf dem ***Brenner*** liegt nur auf 1374 m Höhe, ist aber die meist befahrene Verbindung zwischen Österreich und Italien.

28

Der ***Seikan-Tunnel*** ist zurzeit der längste Tunnel der Welt. Er verbindet seit 1988 die japanischen Inseln Hokkaido und Honshu. Der Tunnel ist 53,9 km lang, davon liegen 23,3 km unter dem Meer. Der 49,94 km lange ***Eurotunnel*** wurde 1994 eingeweiht und verbindet unter dem Ärmelkanal Europa mit der Britischen Insel. 2017 soll der ***Gotthard-Basistunnel*** im Tessin fertiggestellt sein. Es ist das bisher größte Tunnelbauprojekt der Welt.

Wollen SIE noch mehr wissen?

Das Wissensquiz

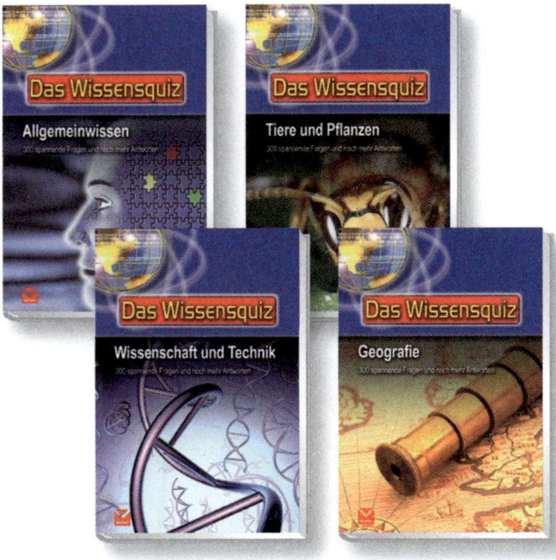

Allgemeinwissen
ISBN 978-3-927801-28-8

Tiere und Pflanzen
ISBN 978-3-927801-29-5

Wissenschaft und Technik
ISBN 978-3-927801-30-1

Geografie
ISBN 978-3-927801-31-8

Jeder Band:
160 Seiten, Broschur
durchgehend 4-farbig
Format 14,5 x 21,5 cm
€ 7,95/sfr 15,-

Unglaublich! Das Quiz

Verblüffende Tatsachen
rund um den Menschen
ISBN 978-3-927801-79-0

Verblüffende Tatsachen
aus der Welt der Tiere
ISBN 978-3-927801-78-3

Jeder Band:
160 Seiten, Broschur
durchgehend 4-farbig
Format 14,5 x 21,5 cm
€ 7,95/sfr 15,-

Der Jahrzehnte-Test

Die 70-er Jahre
ISBN 978-3-927801-39-4

Die 80-er Jahre
ISBN 978-3-927801-40-0

Jeder Band:
160 Seiten, Broschur
durchgehend 4-farbig
Format 15,0 x 17,0 cm
€ 7,95/sfr 15,-

MOEWIG